청춘의
변곡점

청춘의 변곡점

초판 1쇄	2017년 11월 30일
지은이	안정환
발행인	김재홍
디자인	이근택
교정·교열	김진섭
마케팅	이연실
발행처	도서출판 지식공감
등록번호	제396-2012-000018호
주소	경기도 고양시 일산동구 견달산로225번길 112
전화	02-3141-2700
팩스	02-322-3089
홈페이지	www.bookdaum.com
가격	12,000원
ISBN	979-11-5622-331-3 03190
CIP제어번호	CIP2017030610

이 도서의 국립중앙도서관 출판예정도서목록(CIP)은 서지정보유통지원시스템 홈페이지(http://seoji.nl.go.kr)와 국가자료공동목록시스템(http://www.nl.go.kr/kolisnet)에서 이용하실 수 있습니다.

청춘의
변곡점

|안정환 지음|

저자 안정환 군이 내가 거처하는 시골의 Camp를 방문했을 때, 나는 그를 까마득히 잊고 있었다. 하지만 불쑥 꺼내 건네준 원고 뭉치의 첫 페이지를 보는 순간 나는 그를 금세 알아볼 수 있었다. 연세대학교 의공학부 1학년을 마치고 해병대에 지원하였으나 실패하고 두 번째 도전하던 때였던 것으로 기억된다.

우선 내가 다녔던 대학의 후학이기도 하고 의공학부에 입학할 정도의 유능한 인재에게 평생 몸담았던 해병대의 후예가 될 수 있는 기회를 놓치게 하고 싶지 않아 고민했었다. 군인의 인성은 학력이나 배경과 무관한 것이지만 기어이 군입대를 목표로 노력하는 한 젊은이의 뜨거운 도전에 아낌없는 격려와 박수를 마음으로 보냈었다.

네 번째 도전 후 입대했다는 소식을 끝으로 군 생활을 잘하고 있겠지 생각하며 일상 속에서 잊고 지냈는데 그런 그가 전역한 지 두 달이 넘을 무렵 불쑥 내민 원고 뭉치는 퇴임 후 한적한 시골 바닷가 마당 한쪽에 야전막사를 치고 살고 있는 나에게 식지 않는 군인정신을 다시 일깨워주었다. 그리고 열정을 다한 한 청년의 고군분투 군 생활을 담담하게 써내려간 글에서 다시금 평생을 몸담았던 군 생활을 떠올리게 되었다.

복무시절 나는 입버릇처럼 장병들에게 말했다.

'군생활을 열심히 하는 것도 좋지만 뭔가 한 가지쯤 자신의 것

으로 만들어 전역 후에도 지속적으로 이어갈 수 있도록 부지런히 찾고 실력을 쌓아라.'

독서는 물론 기술이든 자격증이든 대학입시 공부든 한 가지는 얻어서 전역하는 것이 바람직한 군생활이라고 누누이 강조했었다. 또한 여러 방법으로 그런 조건을 준비해주었던 기억이 새롭다.

원고 첫머리를 넘기는 순간 나는 그만 반세기 전 고교시절로 돌아갔다. 그리고 그다음 장을 넘기며 어린 시절 초등학교에서 잊을 수 없는 담임 선생님을 떠올리기도 했다.

아무튼 깊게 묻혀 숨어있던 삶의 여정을 뒤돌아보게 하고 젊은 날의 온갖 추억과 기억을 되살려보기도 하며 지금까지 경험할 수 없었던 미지의 세계를 넘나들며 꿈 같은 시간을 보냈다.

역시 책은 온갖 지식과 경험을 채우며, 언제나 시간과 지식과 경험 사이에 경계가 없음을 다시 한번 절감케 해 주었다.

희수를 넘어 세대를 이어가며 끊임없는 변화의 삶을 경험하고 살아가는 여정에 참으로 좋은 젊은이를 만나게 되어 한없이 기쁘고 감사하면서, 이 원고의 출간을 몹시 기다리며 안정환 군에게 감사하는 마음으로 축사를 보낸다.

정유년 10월 거제도 야전캠프에서
22대 해병대 사령관 전도봉

| 책을 내면서 |

> 『대한민국 헌법 제39조』
> 모든 국민은 법률이 정하는 바에 의하여 국방의 의무를 진다.
>
> 『병역법 제3조』
> 대한민국 국민인 남성은 헌법과 이 법에서 정하는 바에 따라 병역의무를 성실히 수행하여야 한다. 여성은 지원에 의하여 현역 및 예비역으로만 복무할 수 있다.

꽃다운 20대 청춘들이 군대를 꼭 가야만 하는 법적인 근거다. 한때 인터넷방송 BJ가 병역의 의무를 거부하는 퍼포먼스로 이슈화되었던 적이 있는데 지금도 홀로 투쟁하는 것을 응원하는 남성들이 꽤 된다. 극적인 예시지만 이것만 보더라도 대한민국 남자들이 군대를 어떻게 생각하는지 대강 짐작할 수 있다. '피할 수 없으면 즐겨라', '젊어서 고생은 사서 한다'는 어른들의 말씀도 있지만 고생과 괴로움은 피하고 싶은 것이 인간의 심리다.

대한민국 남자는 만 18세가 되면 군대를 가야 한다. 예전에 비해 환경이 좋아지고 처우도 개선되고 있지만 젊은이들 사이에 군대는 아직도 피하고 싶은 1순위로 꼽는다. 하지만 누구도 예외일 수 없는 곳 또한 군대다.

피하고 싶지만 결국엔 빡빡이가 되고 눈물 한 덩이를 목울음으로 삼키며 떨어지지 않는 발걸음을 옮기며 쓰디쓴 현실을 인정하는 그날을 경험하게 된다. 이 과정은 몇십 년 전부터 되풀이했던지라 입대를 앞둔 청년들의 마음은 예나 지금이나 큰 차이는 없을 것이다. 2년의 시간은 결코 흐르지 않을 것 같고 긴 공백 동안 자신이 뒤처질 것 같은 두려움, 훈련과 군대생활에 대한 긴장과 공포, 한 치 앞도 보이지 않는 미래에 막막함과 이별의 슬픔이 뒤섞여 깊은 우울감을 경험하게 된다.

슬프게도 앞으로 통일이 되지 않는다면 대한민국 남자들은 수십 년간 이어진 병역의 굴레를 벗어나지 못할 것이다. 어렸을 때 막연하게 '어른이 되면 통일이 되겠지.'라는 생각으로 살아온 10년처럼 앞으로의 10년이 같을지 장담할 수 없다. 이런 현실에서 병역 안전지대는 없다.

입대 전부터 훈련소 입소까지 정말 많은 생각을 했다. 술자리를 가면 전역한 주변의 형님들에게서 '군대에서 시간도 잃고 기회도 잃었다.'는 말들을 많이 들었었다. 대한민국 남자라면 군대는 시간을 잡아먹는 곳이라는 투정을 한 번쯤은 들어봤을 것이다. 일정 부분 인정하지만 나는 군대에서의 시간을 허투루 보내고 싶지 않았다. 그래서 가장 먼저 실행한 활동이 독서였다.

군인이 이행해야 하는 과업, 근무, 훈련을 받으면서 남는 시간에 중대 휴게실로 달려가 읽고 싶은 책들을 2~3권씩 골라 관물함에 쌓아놓았다. 틈틈이 책을 읽고 나면 손바닥만 한 수첩에 짧은 독서감상문을 적어보았다. 읽었던 책을 뇌에 새기기 위한 나름의 방법이었다. 한 달, 두 달, 반년, 1년이 넘어가더니 남는 시간을 알차게 보내기 위해 시작한 끄적거림이 제법 두툼해지면서 그냥 버리기는 아깝다는 생각을 했다.

그러나 군대라는 특정한 공간과 유형의 시간 속에서 과연 내가 할 수 있는 가장 나다운 일이 무엇인지를 고민하게 되었고 21개월의 내 땀과 눈물과 고뇌와 시간들을 엮어내고 싶었다. 그래서 나름대로 규칙을 만들었다. 어려운 단어들로 점철된 '체'하는 글을 쓰지 말자, '또래나 후배들이 가볍게 군대를 떠올릴 수 있도록 글 속에 녹여내자.'라는 단순하면서도 간단한 주제를 잡았다.

그래서 수준 높은 독서감상문을 기대했다면 약간 실망스러울 수 있다. 오로지 읽은 만큼 내 필력대로 글을 썼고 책 선정도 전문가가 선정한 알짜배기 책들만 골라 읽은 것도 아니다. 도서목록들은 순전히 군대 내 비치된 문고에 한정돼 있으며, 가능하면 군생활에 도움이 될만한 책에 초점을 맞추고 골랐다는 점이다. 때문에 책 선정시 거창한 문학적 의미를 두지 않았다.

세상에는 수많은 책들이 있고, 그보다 더 많은 독자들의 감상들이 존재한다. 같은 책이라도 그 책을 읽은 시기와 장소와 처한 상황에 따라 얼마든지 다른 느낌을 받을 수 있다는 것이 책에 대한 내 생각이다. 독서를 위한, 이해를 위한, 정답을 위한 목적이라면 우리는 인터넷 한 페이지만 열어도 만족할만한 결과를 얻을 수 있을 것이다. 하지만 쉰내 나는 생활실 한구석에서, 심지어 화장실 변기 뚜껑 위에 앉아서 읽었던, 아직도 땀내가 풍기는 한 줄 한 줄에서, 나는 무한한 애정을 갖는다. 필력이 부족해 더 그럴듯한 문장이나 감칠맛 나는 기술을 구사하지 못해 아쉬울 뿐이다.

이 책이 군대를 가야 할 후배들이나 현역들에게 어떤 대단한 메시지를 주고자 함은 결코 아니다. 주어진 시간 외 시간을 좀 더 적절하게 사용한 개인적인 경험을 공유하여 나의 후배들이 국방의 의무라는 피할 수 없는 상황에서 숨통이 트일 수 있는 방법을 찾게 될지도 모르겠다는 소박한 기대에서 시작했다. 완벽을 추구하자면 물어볼 가치도 없을 것이다. 이 책은 군인인 한 청년의 고군분투를 그리고, 군대 짬밥처럼 짠내가 나는 짬짬이 독서의 결과다. 그런 면에서 보면 다소 부실하더라도 자비로운 독자들은 아량을 베풀 수 있지 않을까 기대해 본다.

덧붙이자면, 각 챕터마다 서두에 자리한 글은 군 입대 전부터 제대까지 시간대별로 군 생활을 에세이 형식을 빌어 적어 보았다. 군대는 결코 가볍지도 그렇다고 죽을 만치 무겁지도 않은 곳이다. 주어진 대로 담담하게 받아들이고 그곳에서 또 다른 나의 정체성을 찾는 것도 군대다. 어쩔 수 없이 가야만 하는 군대, 그중에서 모두들 기피하는 해병대를 지원해서 복무한 21개월간의 기록이 꽃다운 청춘들에게 작은 위안이 되길 간절히 바라본다.

해병대 병1201기 병장 전역 안정환

목차

5장 | 짬의 끝자락에 다가서다

6장 | 기수에도 없는 기수, 똥병장

7장 | 군대 독서 길라잡이

1장 | 그날이 과연 오기나 할까

· 입대 전
· 신병 훈련소

이 시기에 읽은 책 중에서

『상처받을 용기』 – 이승민
『죽은 시인의 사회』 – N.H 클라인바움
『피로사회』 – 한병철
『흐르는 강물처럼』 – 파울로 코엘료

입대 전

대학 1학년을 마치고 나는 군대를 가야 했다. 가야 한다고 스스로 생각했고 부모님도 어느 부분 그런 눈치였다. 기회는 이때였다. 11월 기말고사를 끝으로 세상의 모든 자유를 한껏 누리고 싶었다. 하고 싶은 것, 먹고 싶은 것, 누리고 싶은 것들이 앞뒤 순서 없이 뒤죽박죽 나를 유혹했다.

그중 가장 가까운 유혹은 단연 컴퓨터였다. 초등학생 3학년쯤부터 시작한 서든어택 게임은 달콤한 에덴동산의 사과였다. 공부를 해야 한다는 강박과 친구들에게 뒤처지기 싫은 내 고집으로 참고 있었던 컴퓨터 게임은 백수가 된 나를 가장 달달하게 유혹하는 악마의 손짓이었다.

방학과 동시에 지원했던 해병대는 번번이 낙방했고 그 사이를 메꿔주는 건 언제나 게임이었다. 하루의 시작과 끝이 게임이었다. 컴퓨터 앞에 앉아 어깨를 잔뜩 움츠리고 허리를 굽힌 채 모니터만 바라보고 살았다.

간간이 웹툰이나 SNS에서 나오는 백수들을 향한 응원은 내겐 꽤나 달콤한 위안거리가 됐고 늘어나는 뱃살과 함께 아직 오지 않은 행복한 미래에 대해 상상하는 것이 나의 일과였다. 아르바이트도 해봤으나 산만한 몸과 마음은 실수하기 일쑤였고 1~2달을 못 채우고 그만둬버렸다.

지출이라고 해봤자 PC방 요금 몇천 원과 식비가 전부라서 돈에 대한 경각심도 없었다. 인하대학교를 다니던 알바동료 형은 27살인데 불구하고 아무것도 이뤄낸 것이 없는 자신을 보라고, 인생의 큰 계획은 작은 부분으로 쪼개서 내 나이 때부터 차근차근 준비해야 이룰 수 있는 거라며 진심 어린 조언을 해줬다. 그 말이 내 무의식에 큰 파동을 주었는지 무언가를 생각할 때마다 그 형의 말과 생김새, 상황까지 모두 세세하게 기억이 난다.

"내가 헛되이 보낸 오늘 하루는
어제 죽어간 이들이 그토록 바라던 내일이다."
— Ralph Waldo Emerson

그러나 생각과 행동의 영역은 남과 북의 거리처럼 좀체 가까워지기 힘든 성질이었다. 진취적인 계획은 마음으로 되새기고만 말았으니까. 정말이지 죄송하게도 부모님께는 그야말로 한심한 미운 오리였다. 하지만 이 모든 게 '곧 입대하니까!' 한마디로 정리됐다.

처음 해병대를 선택한 것도 특별한 자부심 때문은 아니다. 아버지도, 형도 해병대니까 집안 분위기상 자연스레 나도 지원한 것이다. 어차피 가야 하는 군대라면 몽둥이로 맞을지 채찍으로 맞을지 결정하는 건데, 그때까지 해병대는 '내가 선택한 군대'에 대한 메리트를 주지 못했다. 해병대를 가라는 집안의 강요는 없었으나 다른 군대는 가야 할 곳이 아닌 것 같았다.

입대지원은 2014년 12월부터 세웠지만 폐인 같은 삶은 내게 체력 검정에서만 세 번을 떨어지게 했다. 우람한 덩치는 팔굽혀펴기, 윗몸일으키기에서 절반도 넘기지 못했고 매번 낙방할 때마다 스스로 자괴감과 끓어오르는 분노, 기어이 해내리라는 오기 등이 발동해 주변에서 육군을 지원해보라고 설득해도 나는 기어이 한길만 고집했다.

지금 생각해보면 해병대 지원은 의무도 아니었고 특별한 매력 때문도 아닌 순전히 안 되는 것에 대한 특유의 내 옹고집 때문이었다. 결국 장장 8개월의 기간을 지원하고 떨어지는 것을 반복하다 하루도 쉬지 않고 연습했던 덕분인지 네 번째 도전에 가까스로 합격했다.

해병대 지원 합격은 여러모로 의미를 갖는다. 전역 후 복학 시기를 놓치면서까지 3전4기를 했던 내 의지에 스스로 만족하고, 한편으로는 누구에게도 말하지 못했던 오랜 우울증에서 벗어날 수 있었다.

자기주도학습이 아니면 절대로 원하던 공부를 할 수 없었던,

성적을 위해서는 피를 말리는 시간을 보내야 했던 고교 때, 나는 주변의 친구들보다 영리하지 못한 내 머리를 원망했었다. 전국에서 뽑힌 한 학년이 20명이 전부인 지리산 고등학교에서 친구들은 타고난 천재적 머리로 언제나 나를 주눅 들게 했다. 나는 백조가 되어야 했다. 밝고 유머러스한 사람으로 알려졌었지만 나름대로 보이지 않는 물밑 발버둥은 언제나 버거웠다. 나는 많이 우울했었다.

우울증은 뇌를 슬픔과 부정으로 점령해 정신을 천천히 좀먹는 병이다. 이성이나 감성의 경로를 거쳐 나온 생각들도 우울증에 먼저 적셔지고 나서 이루어지니 생산적인 활동은 자꾸만 위축되고 나를 파괴해간다.

입대를 앞두고 상담을 하고, 명상을 하기도 했고, 한동안 손에서 놓았던 책을 보기도 했고 몇 가지 신기한 체험을 하면서 모든 것은 생각에서 오는 망상임을 스스로 보게 되었다. 물론 지면에 세세히 설명할 수는 없지만, 세상에는 믿을 수 없는 일들로 가득하고 때로 기적을 부른다는 것에 부정하지 않는다.

스스로 깨어있음을 느끼는 순간, 모순덩어리인 자신을 객관화할 수 있는 능력은 누구에게나 잠재해 있다고 믿으니까. 있는 모습 그대로 인정하고 사랑할 수 있게 되면서 우울증에서 벗어날 수 있었다. 다행이었다. 입대 전에 이 모든 것들이 이뤄졌으니.

그때부터 활기찬 일상으로 돌아가 자격증도 1~2개 땄다. 남들이 보면 그게 뭐 대단한 거냐고 반문할 수 있지만 처음 해병대 지원에서 떨어지고 나서 복싱 체육관이나 헬스클럽을 등록했는데 30분도 못 견디고 나가떨어졌던 내게는 나름 장족의 발전이었다.

덕분에 마음의 건강을 되찾은 나는 더욱더 건강한 백수생활을 즐겼고 7월에 합격해서 8월에 입대하게 되었다. 입대 한 달 전 마린보이 사이트에 올라온 선임 기수들의 훈련소 생활을 보고 그제서야 입대가 가까워졌다는 걸 실감했고 그때부턴 시간의 속도는 배가 되었다.

눈 깜짝할 사이 한 달에서 보름, 일주일로 가까워졌고 답답한 불안감과 긴장감이 의식 속에 자리했다. 다른 사람들도 다 겪게 되는 경험이라며 넘기기에는 남 일이 아니었고 소위 군대전문가들이 요즘 군대가 편해졌으니 안심하라고 말하는 건 전문가의 말이라 더더욱 신뢰성이 떨어졌다.

마침내 입대 전날이 다가오고 내 몸과 마음의 괴리감도 입체적으로 다가왔다. 위장과 목구멍은 돌덩이 같은 공깃방울을 가득 채운 듯 먹먹했고 심장은 불규칙적으로 쉼과 뛰기를 반복했다. '훈련소 생활은 많이 힘들까, 앞장서지 말고 중간만 유지하라던데, 군화 사이즈를 잘못 선택하면 훈련 내내 발이 까져서 고통스럽다던데 넉넉한 걸로 골라야 할까…'라는 잡스런 생각들과 공포만이 의식 속 깊은 곳에 똬리를 틀고 있었다.

고등학교 때부터 기숙사 생활을 하며 가족과 떨어진 경험이 있었지만 군대는 또 다른 느낌이다. 아무래도 건강과 안전에 대한 문제와 관련이 있으리라. 하지만 굳이 정리하려 들진 않았다. 그럴 여유도 없었으니까.

드디어 2015년 8월 24일 입대 날, 날씨는 내 마음만큼이나 을씨
년스러웠고 금방이라도 거센 비바람이 불 것만 같았다. 부대 주
변에서 아침으로 내장탕을 먹었는데 독일에 있는 형이 카톡을 하
던 중 '입대하면 먹은 내장 다 토할 거'라며 놀려댔다. 그러면서
자기는 입대 날에 아무것도 입에 넘기지 못했다며 가면 후회할
테니 많이 먹으란다. 애써 괜찮은 척해도 웃음이 쓰다.

꽉 막힌 차들, 걸어가는 몇몇 사람들, 많은 사람들 속에 유독
눈에 띄는 고슴도치들, 저 멀리 '해병대는 이곳에서 만들어진다.'
라는 빨간 간판이 눈에 보이고 빨간 모자를 쓴 깡마른 군인들이
당당하게 정문과 여기저기에 서있다. 남자 인생은 전역 후가 시작
이라는데 반면 나는 그 시작의 시작도 보이지 않는 곳에 서있다.
과연 내가 잘할 수 있을까. 아니, 그날은 내게 오기나 할까. 착잡
한 마음을 숨길 방법이 없다.

"안되면 될 때까지"

신병 훈련소

훈련소에 입소해 동기들이랑 강당으로 손잡고 뛰어가던 날에도, 눈물을 보이고 어쩔 줄 모르는 어머니와 끝내 뛰어갈 때까지 보지 못한 아버지의 모습에도, 모르는 동기들과 열댓 명씩 복도와 연결된 평상 생활반을 쓸 때에도 난 애써 웃어보였다. 안경잡이에다 생긴 것도 유하게 생긴 내가 보일 수 있는 최고의 쎈 척이자 방어였다.

울적해서 얼굴을 구기고 축 처져있고 싶었지만 약해보이는 것도 자존심 상할뿐더러 여타 동기들과는 다른 사람이 되고 싶었다. 다행히도 내 가면놀이에 암묵적으로 동참해준 여러 동기들 덕에 씁쓸한 마음을 온기로 다질 수 있었다. 그래도 국방부 시계는 돈다며 서로를 위로했지만 다른 동기들 사이에서 한편으론 시간은 빨리 간다는 상대적인 진리는 한낱 잡소리로 치부되곤 했다.

첫날 밤, 피 끓는 청춘들에게 22시 취침은 다소 이른 시간이고 그렇다고 잡담을 나누기엔 공기가 무거워 애꿎은 이불만 차대며 오지 않는 잠을 애타게 부르다 슬쩍 잠이 들었다. 05시 45분. 기상이다. 해병대 신병교육대 훈련교관인 DI들의 불호령이 떨어지고 허겁지겁 슬리퍼를 찾아서 복도 대리석 사각 타일 모서리에 발끝 오와 열을 맞추고 차렷! 움직이지 않는 몸을 억지로 끌어당겨 그사이에 끼여있는 나. 가슴이 두근댔다.

그때, 바로 옆 화장실서 올라온 역겨운 지린내와 암모니아가 내속을 뒤집었다. 몰래 대열을 이탈해 화장실로 다급히 뛰어가 변기를 잡고 헛구역질을 해댔다. 식은땀이 삐질삐질 나오고 눈물이 찔끔 눈을 찌른다. 내 다사다난한 군 생활을 암시해주는 일종의 예고편이었을까. 이제 시작이었다.

군인에게 제일의 덕목은 체력이다. 그러나 먼저 머릿속에 박혀 있어야 할 것이 정신력이었다. DI는 골리앗이 다윗에게 어이없게 패배한 것처럼 몸뚱이가 커도 머리가 부족하면 전투에 지게 된다고 강조한다. 해병대의 최고의 가치는 강한 정신력이란다.

1주차엔 소대개편과 보급품 증정, 군기를 잡거나 여러 행정 처리를 했고 2주차엔 훈련이 아닌 정신교육이 실시되었다. 군대 정신교육을 북한처럼 무시무시한 주입식 교육이라고 생각하지는 마시라. 사실 대부분 우리가 아는 지식들이고 특이점이라고 해봤자 군대의 승리와 성과, 결과물에 집중돼있는 것뿐이다.

교육의 전체적인 분위기는 군인들이 경각심을 갖고 충실히 자신의 임무를 수행하라는 것. 모토는 지피지기면 백전백승이다. 하지만 어린 시절 역사 시간에 배웠던 지식들이 여기선 달리 승

고함을 가지고 다가오는 게 버거웠던지 우리는 도무지 집중을 할 수가 없었고 꾸벅 졸거나 몰래 편지쓰기, 혹은 나무책상이나 관물함에 자신의 흔적을 남기는데 몰두했다.

이도 저도 아니면 창밖을 보며 흘러가는 구름에 의식을 맡기고 '산은 산이요 물은 물이다.'라는 성철스님의 깊은 게송을 떠올리며 명상에 잠기기도 했다. 결과적으론 휴식기였다. 그 속에서도 몇몇 소수는 애국심에 고양돼 후에 훈련이나 기합에서 몸을 불사르는 녀석들도 생겨났는데 덕분에 자질구레한 부상을 달고 다녔다. 몸뗑이가 커도 머리가 부족하면 전투에 진다던 DI의 말을 새삼 되짚게 되는 순간이었다.

유격이다. 날은 적당히 더웠고 친해진 동기들도 몇 됐다. 유격에선 행군이 빠질 수 없는데 해병대는 기본이 산악행군이다. 30kg 정도 완전무장을 하고 산길을 이곳저곳 누비다 보면 온몸에 진이 다 빠진다. 화생방 훈련도 같이했는데 말이 훈련이지 사실상 체험에 불과할 만큼 잠깐이었다.

방독면을 쓴 채로 1~2분가량 있다가, 정화통을 빼고 10초가량 버티다 퇴장하는 순서인데 대부분 CS탄의 매운맛을 느끼지 못할 정도다. 단, 나에게는 예외였다. 분명 행군 전 정상이었던 방독면이 꺼내보니 끈이 끊어져 있었다. 말해봤자 쓴소리만 들을 뿐, 때는 이미 늦었다. 방독면을 써도 가스가 스멀스멀 기어와 내 안면부와 인후두를 강타했다.

패닉에 빠져 방독면을 벗어버리자 더 큰 패닉이 기다리고 있었다. 앞줄 옆줄 동기들은 태연히 서 있는 데 반해 나는 소리 지르고 기침하고 헛구역질하며 고군분투하는 꼴이라니, 웃기지만 심각한 부조화였다. 눈물, 콧물, 침이 한 줄기로 모여 흐르는 우여곡절 화생방훈련으로 다 끝난 줄 알았지만 이번 주 과업은 아직 절반도 하지 않았다.

유격장에서 2박 3일 동안 레펠을 하고 도하를 하고 이동할 때 '유, 격, 훈, 련'을 외치면서 각종 PT체조를 받는 것은 고된 일이었다. 한여름의 태양은 땀 빼가며 훈련받는 우리들을 놀려대는 듯 어기적대며 도무지 산 너머로 넘어갈 생각을 안 했고 항상 진이 다 빠져서야 모습을 감췄다. 그래도 언제나 그래 왔듯 지나보니 똑같은 3일이었다.

어느덧 4주차 전투사격에선 총검술, 집총체조 등을 교육했다. 내가 느끼기엔 명목상 교육일 뿐 가르침이란 핑계로 DI는 우리를 마구잡이로 굴려대며 연대책임의 심각성을 확실히 각인시켰다. 사격장에서는 여느 훈련과 달리 긴장감이 가득했다. 부동자세에서 한 명이라도 주춤거리면 "아~잇!" 소리를 지르며 가차 없이 기합을 줬다. 잠시나마 DI에 대한 내 생각이 틀렸다는 것은 한 치의 실수도 있어서는 절대 안 되는 실사격에서 바로 입증되었다.

사격은 게임에서 보던 것과 달리 간소하지만 극명한 차이가 있었다. 방아쇠가 눌리며 폭발하듯 방출되는 격발음은 다른 과정 없이 모두를 긴장시키기에 충분했다.

여기서 난 다시 2차 패닉에 빠졌다. DI의 말이 이해되지도 않고 허둥지둥, CS탄이 내 이성을 마비시켰다면 격발음은 내 이성을 날려버렸다. 그러나 한쪽은 불쾌감을, 한쪽은 성취감을 주는 데에서 엄연히 달랐다.

과업이 끝나고 난 뒤 복귀 행군 중, 흙투성이 우리들 옆으로 지나가는 무심한 차들과 거리의 사람들은 너무나 평화롭다. 스무 살, 고등학교, 중학교 시절이 뒤죽박죽 내 눈앞에 일렁이며 스러졌고 이내 뿌옇게 흐려져 눈 밑에 쌓였다. 그냥 걷자.

극기주는 대망의 천자봉 완주와 주특기 유격, 공수, IBS 훈련이 있는 주다. 그런데 2주차부터 소문으로만 들려온 소식이 사실화되었다. MBC 〈진짜사나이〉 방송출연. 그러나 환호는 곧 야유로 바뀌었다. 애석하게도 연예인들과 함께 방송을 타게 된 행운의 사나이들은 바로 옆 생활실 동기들이었다. 국민들에게 보여줄 우리의 모습은 약간의 검열을 거칠 필요가 있었고 그 과정에서 소대분열은 물론 방송에 출연하지 못하는 훈련병들은 온갖 작업을 도맡아야 했다.

한편으론 해병대의 이미지를 위해 더욱 엄선된 훈련들을 받는 그들이 안쓰러웠지만, 방송에 이목이 쏠리다 보니 자연스레 방송 미출연 훈련병들은 일정에 밀려서 훈련을 띄엄띄엄 받을 수밖에 없었다. 그래도 유명인사들과 하이파이브를 하며 오르내린 천자봉은 달콤했고 비록 복귀는 2시간 늦었지만 사단에서 준비한 복귀환영식은 꽤나 감동적이었다.

방송이 몰고 온 행운과 불운은 공중에 던져진 동전마냥 앞뒤를 반복하며 나타났지만 일관된 흐름이 있었다. 그것은 즐거움이었다. 다른 기수에게는 없을 특별한 경험이 힘든 몸을 그나마 움직이게 하는 강장제였다.

오지 않을 것 같았던 6주의 훈련기간이 끝나고 수료식 때 나는 연대장상 감투상을 받았다. 몸무게를 가장 많이 감량한 훈련병에게 수여하는 상인데 모두가 서성거릴 때 재밌겠거니 하고 앞으로 나섰다. 나보다 더 감량을 한 동기도 있었겠지만 운 좋게 불확실한 기록 차이로 승부가 갈리고 내가 감량왕이 됐다.

기쁨과 동시에 스파크처럼 지난 기억들이 튀어나왔다. 용기 있는 자가 미인을 얻는다고 했나. 감투상은 일면 소극적이었던 내 성격에 적극성을 가미해준 소중한 경험이었다. 우물쭈물하지 않고 과감하게 변화된 나를 내세울 수 있었던 용기에 나 자신도 놀랐다. 무언가 내 인생을 결정지을 소중한 요소가 가슴속에 자리한 듯했다. 아직 6주밖에 지나지 않았지만 나름 얻은 것이 컸다.

수료식은 멋지게 끝났고 부모님과 웃으며 재회했다. 부모님을 봐도 안 나오던 눈물이 독일에 있는 형을 영상통화로 보자 울컥했다. 나보다 3년 먼저 입대한 형. 나는 당시 군대가 뭔지 몰라 형이 훈련병일 때 편지는커녕 무관심했는데 형은 따뜻했다. 고생했다며 위로하는 형에 대한 미안함과 애틋함에 눈물이 그칠 줄 몰랐다. 영상이었지만 형에게 지난날 나의 무지로 인한 무관심에 대해 사과하고 반성했다. 가족의 소중함을 온몸으로 느낀 날이었다.

반나절밖에 되지 않는 면회시간. 헤어짐에 마음이 다시 저려왔지만 내색하지는 않았다. 남들도 해내는 걸 나라고 못 할 순 없었다. 더불어 입대하고 며칠 후부터 들었던 생각. 매사 어중간했던 '나'에 대한 자각. 매일 밤 실무에서의 계획을 세우며 스스로 다잡았던 날들. 중요하지만 애써 외면했던 독서와 영어에 대한 학구열이 솟아났다.

동기들이 저마다 화장실, 책상, 교육 도서, 관물함에 새겼던 흔적들을 나는 머리에, 가슴에 새기고 싶었다. 관계, 우정, 추억도 중요하지만 오로지 나만을 위해 쓰일 수 있는 무언가를 채우고 싶었다. 나아가 먼저 전역한 지인 형들이 무심코 뱉어낸 '군대에서 시간을 버렸다'는 말을 부정하고 싶었다. 이제 막 단무지 하나 붙인 이병이 갖기엔 꽤나 건방진 마음가짐으로 보일지 모른다. 그래도 상관없다. 이러한 군생활도 있다고 당당히 말할 것이다. 파이팅이다.

"무에서 유를 창조한 해병"

『상처받을 용기』
이승민 저

우리는 생각보다 간절하고 소중한 존재다
··

실무에 배치되고 나서 반강제적 주말 동아리 시간에 제일 먼저
집어든 책이다. 상처받을 용기. 불안감과 긴장감, 두려움이 뒤섞인
상태의 이병에게 현실이야 어찌 됐든 한 가닥 안도감을 줄 수 있
으리라. 불편한 행사용 플라스틱 의자에 앉아 1시간을 몰입하여
책장을 넘겼다. 각 챕터는 모진 말에 상처받지 말라는 문구들과
함께 작가가 듣거나 눈으로 본 신경과 상담 사례들로 이어진다.
　일종의 옴니버스 형식이라 눈의 피로를 고려해 맥을 끊기도 쉽
고 언제 어디서나 자신이 원하는 부분을 펼쳐 봐도 이해하는데
무난하다. 덕분에 잠시 책을 덮고 의자에 앉아 20분가량을 꾸벅
졸았다.

민간인 잔재가 아직 붙어있는 이병에겐 쉴 수 있는 여유와 꾸벅거리며 생각할 수 있도록 이끌어 준 고마운 책이다. 더불어 적지 않은 위로와 용기를 주었다. 앞이 보이지 않는 2년의 시간들은 새까만 이병의 셈법으로는 도무지 그 끝을 가늠할 수 없는 그때, 책은 시간과 공간을 잊을 수 있는 환기구였다.

제목 그대로 상처받을 용기란 무엇인가. 사람들은 끊임없이 입으로, 몸으로 누군가에게 상처를 주고 그 부메랑으로 자신에게도 해를 입히는 세상에 살고 있다. 용기란 다른 말로 상대를 이해하고 흡수하는 배려와 그런 자신까지도 다독이며 껴안을 수 있는 것이 아닐까, 나름대로 정의를 내려본다. 여기에는 무모함이나 두려움, 이기적 판단을 넘어선 그 어떤 것이라야 한다.

무심코 던진 돌에 개구리가 맞아 죽을 수 있듯이 요즈음 여과되지 않은 말과 행동들이 서로의 마음을 할퀴고 있다. 그 원인에 대해선 스트레스·무분별한 SNS 사용 및 확산·자본주의·성과사회 등 여러 가지로 정의할 수 있겠지만 이유야 무엇이 됐건 문제는 우리의 감성이 메말라 간다는 점에 있다.

그 결핍엔 단순히 현상 그대로의 느낌을 받아들이는 '감정' 같은 보이는 감성보다는 현상 이외의 것을 생각하게 만드는 '상상'이나 '공감' 같은 보이지 않는 감성의 부분일 것이다. 자신이 지금 기분이 나쁘다고 해서 아래 직원에게 심한 말을 하거나 남의 슬픔이나 불행을 비아냥대거나 욕보이는 행위는 결코 후자에 근거한 말과 행동은 아닐 것이다.

세상은 홀로 존재할 수 없는 공동체 단위다. 간혹 매스컴이나 뉴스 면을 장식하고 있는 유명인들을 보면 '천상천하 유아독존'식 모습들을 볼 수 있다. 부처님이 어머니의 뱃속에서 걸어 나와 하늘과 땅을 가리키며 한 말로 일반적으로 '우주 가운데 나보다 더 존귀한 사람은 없다'라고 풀이하는데 이는 단편적 해석이라고 한다. 본래 의미는 부처님이 세상 만물의 이치를 알고 난 후 홀로 그것을 깨우쳤다는 두려움과 고독함에서 외친 게송이라고 한다.

요즘에는 유아독존만을 떼어 오직 자기밖에 모르는 이기적인 사람 또는 자기주장만을 내세우는 고집스런 사람을 가리킬 때 자주 쓰고 있다. 또, 어느 개그 프로에서 보여줬듯이 자신의 힘과 강인함, 소위 '잘난 존재'라는 뜻으로 풍자되기도 한다. 이제는 우리 모두가 우주의 유일무이한 존재이니 그만큼 서로 사랑하고 존중하라는 위로의 용도로 쓰여야 하지 않을까.

우리는 도덕시간에 대화를 할 때 상대방을 배려하여 말을 꺼내야 한다고 배웠지만, 이성보다 감성이 앞설 땐 종종 그 예절을 잊곤 한다. 스스로를 견고히 다진다 해도 틈은 생기기 마련인데, 이러한 상처가 되는 말들을 하거나 겪었을 때 과연 어떤 자세가 나를 위한 길일까. 정답은 다들 알고 있겠지만 작가의 말을 통해 찬찬히 곱씹어보자.

작가는 인정할 건 인정하고 무시할 건 무시하되 자신의 정신건강을 위해서 될 수 있는 한 긍정적인 삶을 추구하며 사는 것이 나은 삶이라고 말한다. 좋은 것만 생각하며 살아도 짧은 인생이니 말이다.

더불어 '나'를 사랑하고 자존감을 가지란다. 말은 쉽지만 사실 그리 가슴에 와닿지 않는다. 나르시시즘과 이타주의 사이의 균형을 잡고 적절한 자신감과 과하지 않을 정도의 현실감각을 가지고 살라는 말 같은데 역시 다시 생각해도 어렵다.

이런 뜻이 아닐까. 비빔밥을 한 움큼 퍼서 입에 넣으면 그 안에 밥풀도 씹히고 숙주나물, 콩나물, 쇠고기도 씹히고 내가 싫어하는 고사리도 씹히듯이 별개의 것들이 하나로 어우러져서 '비빔밥'이라는 맛을 내는 것. 혹은 불교의 '무일물'이라는 가르침처럼, 그 어느 것에도 얽매이거나 속하지 않고 있는 그대로의 자신을 사는 것.

아직 청춘인 나는 그 중 어디에도 갈피를 잡지 못한 채 살아가고 있다. 어른이 되면 답이 나올까. 마음의 상처엔 처방전은 간단하지만 그 함의는 헤아리기 힘들 정도로 중의적이고 뜻이 크다. 그럼에도 불구하고 우리는 자신을 구원할 수 있는 존재는 자신임을 알기에 고뇌하고 눈물 흘린다. 내 인생의 주인공은 다름 아닌 '나'이기 때문이다.

상처를 받고 이를 치료하는 건 언제나 괴롭고도 힘든 일이다. 종이 귀퉁이에 살짝 베여도 우리는 깜짝 놀라고 아파한다. 피가 배어나오는 더 큰 상처는 서둘러 소독하고 밴드도 붙인다. 외부적 상처에는 이렇듯 재빨리 처치하면서도 우리가 놓치고 사는 부분이 있다. 바로 마음이다.

마음을 본 사람이 있는가. 그럼에도 우리는 '내 마음, 마음대로, 마음먹기 달렸어, 마음이 아파….' 등등 마음을 잘 아는 것처럼 표현한다. 정작 마음이란 개체는 '내 것'이라고 생각하고 그가 받는 상처나 치유에는 소홀하다. 피부에 생긴 상처는 연고를 바르고 시간이 흐르면 흉터로 남거나 그마저도 희미해져 사라진다. 반면, 마음에 생긴 상처는 연고를 바를 수도, 소독하고 밴드를 붙일 수도 없는 공간이다.

그러다 그 마음 상처가 덧나 곪게 되면 생각의 마비를 일으켜 끔찍한 사고로 이어지기도 한다. OECD 나라 중 자살률 1위 나라라는 타이틀은 흘려버릴 일이 아니다. 마음공간은 그 깊이를 알 수도 없을뿐더러 내 것이라고 해도 내 것이 아닌 반전을 거듭하며 생성하고 소멸하고를 반복한다.

'마음이 아파 죽을 거 같아.'

친구에게 이런 말을 들었다고 가정해 보자. 이미 '마음', '아파', '죽을 거 같아.' 등은 일반적 고유명사처럼 가볍고 단순해져 버렸다. 누구도 그 아픔에 집중하지 않는다. 반면, 교통사고로 다리를 다친 친구를 보면 걱정하고 위로하고 문병을 간다. 어느 쪽이 더 깊고 더 위험할지는 각자 다른 판단이겠다. 그렇지만, 이제는 겉으로 드러나는 상처도 중요하지만 보이지 않는 상처도 위태롭다는 것에 관심을 가져야 할 때라고 생각한다.

싱글족이 늘어나는 현대라고 주변을 무시하고 혼자만 살라는 의미는 아닐 것이다. 누구에게든, 무엇에게든 의지하고 위로받고 살아간다. 그래서 혼자서 해결할 수 없는 큰 상처엔 외부의 도움을 받기도 해야 한다.

그러나 우리의 현재는 어떤가. 자기 안에서 처방전을 내려 스스로 치유하려 애쓴다. 좋은 자세일 수 있으나 지속되면 탈이 나는 법이다. 자기 안의 문제는 자기만의 것이 아닌 시대적 흐름이 되어 버렸다.

그럴 땐 자신을 위해서라도 문제를 밖으로 환기시켜버리자. 우주는 수많은 사연과 관계들, 문제들로 이어져 있는 감정 그물망이라 내 아픔도 그 요소 중 하나라고. 그래서 이렇게 아파하는 내가 정상이라고. 나의 실수 외에 인격을 공격하는 저 사람이 나쁜 사람이고 되도록 나는 저런 행태를 보이지 않아야겠다고 말이다. 그래도 비겁하지 않다. 내가 나를 변호하는 것이다.

상처받을 용기는 어떤 시련에도 굽히지 않는 강철 성벽이 되라는 말이 아니다. 오히려 자신도 보호하면서 부당한 것은 되받아칠 수 있는 용기를 말하는 것이다. 별것 아닌 것에 상처받지 말자. 우리는 우리 생각 외로 더 소중하고 누군가에겐 간절한 존재다. 우주는 그런 목적으로 생성되었다.

『죽은 시인의 사회』

N.H 클라인바움 저

카르페디엠

90년대에 영화로도 각색되어 나온 소설이라고 기억한다. 어렸을 때부터 줄기차게 들어온 문장이고 익숙하지만 막상 접해보는 건 처음이었다. 굳이 영화를 찾아보거나 책에 호기심도 없었기에 의식 깊은 곳에 이름으로서만 존재했던 책이었다.

세월을 조금 먹은 책인지라 부대 내 책꽂이 후미진 곳에서 다른 책들 사이에 가려져 있었는데 일단 제목이 마음에 들었다. 더군다나 책이 비교적 얇은 데다가 심플한 디자인이 그 책을 집는 데 한몫했다. 이제 잡히지 않는 허울뿐이던 이름에 실체가 생기고 내용이 꽉 차게 되리라.

토드만을 비롯한 다섯 소년들은 명문 기숙사 고등학교의 학생들이다. 엄한 학교의 규율과 강압적인 부모님 아래서 이들이 찾은 작은 자유는 나름 귀여운 구석이 있었다. 나 역시 기숙사 고등학교를 나와선지 소년들이 맛보는 일탈의 짜릿함은 내겐 추억을 떠올리게 하는 좋은 촉매였다.

개인적으론 이들의 일탈 행위는 딱히 일탈이라고 말하기 애매한 것 같다. 어떠한 개인적 감성이나 '딴짓'이 허용되지 않는 숨막히는 규율 속에 성공을 향해 나아가야 하는 이들의 운명, 감시하는 학교, 부모의 기대, 박탈당한 자유는 누구를 위한 것인가. 결코 다르지 않은 우리 교육 현실을 떠올리게 한다. 소년소녀들이 한밤중에 모여 셰익스피어나 예이츠의 시를 낭독하는 것이 그렇게 잘못이란 말인가. 이 대목에서 나는 이들의 용기가 부러워 한동안 눈을 감고 상상의 나래를 폈다. 무리 속에 끼어 로미오와 줄리엣의 한 구절이나 햄릿의 한 구절을 멋들어지게 낭송하는 내 모습을 그려보기도 했다. 고정화 된 학교규율 틀에서 보면 다소 일탈에 가깝다고 할 수도 있겠지만, 학구열에 불타있는 것은 꽤나 기특한 일이 아닐 수 없다.

소년들이 시를 알고 그 감정을 교류하고 삶을 스스로 설계하고자 하는 의지를 가진 것은 애초 키팅 선생님의 영향이 크지만 사실 자발적이었다. 눈 덮인 황량한 밤, 시는 아이들의 터놓을 데 없는 마음을 어루만져 주었다. 읽는 내내 나는 두 손을 모았다. 용기있는 이 아이들에게 신이여, 자비를 베푸소서.

키팅 선생님은 숨 막히는 학교생활에서 아이들이 숨 쉴 수 있는 유일한 탈출구였다. 자신의 꿈을 말하기조차 버거워했던 아이들에게 의지를 관철할 힘을 주었고, 비록 비극으로 막을 내렸지만 이성에게 다가갈 수 있는 용기를, 그리고 학교의 경고에 굴하지 않을 수 있는 용기를 주었다. 찰리 채플린의 말처럼 결과적으론 비극에 가깝지만 멀리서 보면 희극 같은 이들의 삶은 21세기에 살고 있는 우리와도 그다지 멀게 느껴지지 않는다.

훈련소 생활은 녹록치 않다. 생전 처음 접하는 낯선 문화와 절제된 행동, 엄격한 규율과 제약으로 이어지는 24시간이, 자유롭게 살던 청년들에게는 두렵고 고통스러운 시간이다. 철저히 개인이었던 사람들이 공동체라는 울타리를 형성해가는 과정에는 수많은 사건과 우여곡절이 있으리라 짐작만 할 뿐이다.

이 책은 현실의 고단함을 잠시나마 잊게 해주는 탈출로였다. 학창시절의 불타는 학구열과 문학에 대한 열정, 잊을 수 없는 선생님에 대한 추억과 그리움으로 한낮의 뙤약볕을 이겨낼 수 있었고 나만의 낭만을 다시 불러올 수도 있었다.

힘든 시간은 그 순간과 함께 추억으로 밀려난다. 지금 이 순간도 찰나의 연속으로 뒤로 밀려나고 있기에 이 힘듦쯤이야 책 하나로 이겨낼 수 있다면 과장일 수 있겠다. 일그러진 동료들의 표정을 보면서 이래서 '동기'라는 말이 생겼으리라 짐작한다. 이들과 함께 손잡고 내일도 앞으로 나아가야 한다. 우리는 군인이기에.

지금도 녹스의 고민은 물론이고 토트만 같은 행동으로 후회하며 자신을 책망하는 사람들이 수두룩하고 잘못된 마음으로 닐의 길을 걷는 안타까운 아이들이 많다. 이상, 현실, 자신과의 괴리감. 언제라도 날개를 펴고 비상하고 싶지만, 현실의 족쇄가 매달려있는 위태로운 외줄타기다.

이성과 감성은 균형이 이뤄지지 않는다. 상황에 따라 변하는데 대부분 이성보다는 감성이 먼저 지배하게 된다. 감성이란 때로 패배감, 두려움, 죄의식, 나약함을 포함하고 있어 자칫 망상에 사로잡히게 되면 닐의 길을 걷기도 한다. 망상은 때로 잘못된 선택도 불러오기도 한다.

목표를 세운다는 것은 꿈이 있다는 다른 말일 것이다. 그러나 통계에 의하면 청년들 열 명 중 여덟, 아홉은 꿈이 없다거나 무슨 꿈을 꿔야 하는지 모르겠다고 대답한다고 한다. 정해 놓은 목표에 닿기에는 상위 몇 퍼센트를 빼면 불가능할 거라는 열패감이 청년들에게 만연하다고 했다. 대한민국 청년이라면 누구나 품을 만한 딜레마고 그로 얻은 대답은 언제나 무력감이다.

날이 너무 덥다. 성경에 신은 우리가 극복 못 할 시련은 주지 않는다 했는데 지금 이 순간 그 말에 동의하고 싶지 않다. 육체의 고됨은 이성을 마비시키기도 한다. 겹겹이 입은 군복 속으로 숨이 턱까지 차올라 한계치에 다다른다. 하지만 눈빛이 살아 빛나는 동기들을 보며 이런 생각을 한다. 우리 함께 해보자. 혼자서는 할 수 없는 과정이지만 함께라면 가능할 거야. 우리끼리의 무언의 메시지가 한여름의 열기도, 육체의 고통도 넘어서게 만든다. 아마 키팅 선생님과 아이들의 마음이 이러하지 않았을까 대입시켜본다.

아이들은 시나 문학으로 잠시 자유를 꿈꾸지만 끝내 성공에 대한 강요나 가족의 기대 등 여러 가지 현실적 요인으로 전향하고 낙담하게 된다. 어른들이 만든 울타리에 안착하기를 바라는 기대는 시대나 나라를 초월해 비슷한 것 같다. 지구 역사는 같은 이유로 맥을 이어가고 언제나 아이들은 방황과 실험을 통과해야 한다.

하지만 인간은 생존적 투쟁을 몸에 담고 태어나고 어떤 환경에서도 살아남을 수 있는 유연함을 세포 속에 담고 있다. 지구상 가장 고등동물인 인간이 문화를 만들고 세대를 이어가면서 생존하는 이유다.

현대 교육이 주는 비극적 결말이라 해도 이 책은 충분히 제 몫을 다하고 있다. 자유와 권리, 인권까지도 끄집어낼 수 있는 여지를 남겨 둘 뿐 아니라 현재가 얼마나 중요한지를, 개개인의 존엄이 얼마나 소중한지를 읽는 내내 깨닫게 해주기 때문이다. 책을 통한 간접 경험일지라도 스스로 자신의 인생을 설계해야 하는 당위성을 일깨워준다.

『죽은 시인의 사회』는 그 제목에 있어 처절한 당시 상황을 압축한 단어의 조합이었다. 죽은 시인만 있는 사회란 얼마나 끔찍하고 메마른가. 비극으로 끝나지만 책을 덮고 나면 냉정한 입시 공동체 안에서 꿈과 자유를 갈구하던 아이들과 비극을 딛고 끝까지 희망을 놓지 않겠다는 다짐이 독자들의 연민과 공감을 끌어낸다.

나의 해석과 감정이 작품을 진부한 파랑새 이야기로 희석시켰을지 모르겠다. 그래도 내 답은 분명하다. 꿈·자유·사랑 등의 문제로 좌절하기엔 나는 아직 기회를 가져본 적도 없고 젊고 건강하다는 것. 내심 닐의 도전을 설레는 마음으로 응원했지만 비극으로 끝난 것이 정말 아쉽고 마음에 편치 못했다. 때문에 남아있는 우리들이 이를 어떻게 받아들여야 할지에 대해 고민했지만 답은 미지수다.

20대들이 종종 친구들과 함께 술자리에서 연애와 게임을 이야기하다가 자연스레 인생으로 이어져 결국 한숨으로 헤어지는 것처럼, 그 대화의 결론은 언제나 '조금만 더 힘을 내자', '열심히 해라, 넌 잘될 거다.' 등의 힘없는 위로뿐이다. 소설과는 다르게 우리의 현재는 그 끝이 제발 성대하기를.

『피로 사회』

한병철 저

잘 쉬는 것도 문화다

실무 배치된 지 대략 한 달이 되어가고 있던 시점, 동화기간도 지났겠다 이병은 선임들에게 가장 노려지기 쉬운 타깃이었다. 병들 사이의 인계 병들끼리 정해놓은 자기들만의 규칙 로 인해 여지없이 행동의 제약을 받기 일쑤였고, 그것을 어기거나 모를 시 온갖 질타를 받고 움츠러드는 게 이병의 일반적인 자세다.

그나마 자투리 시간을 짜내서 독서나 TV시청, 운동 등 여타 개인시간을 가질 수 있었는데 난 당연히 독서를 택했다. 그러고 보니 분기마다 들어오는 진중문고 책들을 보게 됐는데 그중 얇은 책이 눈에 띄었다. 단숨에 읽고 말리라는 처음 생각과 달리 두께에 반비례한 엑기스에 두 번을 거쳐 읽어야 했다.

일단 단어 사용이 전문적이고 난해했으며 추상적인 개념이 많아 이해하는 데 애를 먹었다. 학술잡지에 실리는 논문이나 학술강연을 보는 듯한 느낌이었는데 나는 그것을 글로 정리해서야 어느 정도 갈피를 잡을 수 있었다. 확실히 소화시키긴 어려운 책이다.

내 나름대로 정리하면 이렇다. 민주주의와 자본주의의 유입에 따라 성과사회라는 풍조를 만들어냈는데, 이 성과사회에서 '나'란 주체는 자유와 강제가 일치된 역설적 환경에서 하나의 이상 <small>가령 성공이라던가</small> 을 위하여 스스로를 착취하며 소진해 간다. 소위 자기 착취다.

이때 우리에게 찾아오는 우울증, 월요병, 소진 증후군 등의 정신질환은 면역학적 관점에서 볼 수 있는 이타적인 저항성 반응이 아니라 긍정 <small>자유, 기술, 과학, 진보</small> 과잉에서 오는 과다오류다. 이에 우리는 새로운 사회를 만들어내는데 바로 '피로사회'다. 여기서 '피로'란 부정과 긍정 그리고 주체 모두를 녹여내어 함께 간접적인 위로가 될 수 있는, '성과'를 대체할 순 없지만 그 속에서 누릴 수 있는 일종의 작은 휴식을 말한다.

마치 올더스 헉슬리의 『멋진 신세계』 중 '소마 알약'의 초안을 보는 것 같다. 비록 사랑과 죽음에 대한 감정까지 녹여 없애거나 손톱만큼의 크기로 정제하진 못하지만 휴식 그 자체에 의미가 있는 요소로 말이다. 어렸을 때부터 전속력으로 달려가기를 바라는 우리 사회 분위기상 이러한 휴식은 필요하다. 쉬면 쉬는 대로 눈치 보이고 뛰지 않고 걸어가자니 당장 내가 죽을 판인지라 어쩔 수 없이 숨만 헐떡대는 한국인들에게 피로사회는 도래해야 할 사회다.

인류가 만들어 낸 가장 이상적인 정치체계가 민주주의라고 했다. 유시민 작가의 말에 따르면 인류는 국가가 형성된 이후 기초적인 생사의 보호를 하는 단계부터 시작해서 발전국가를 넘어 복지국가 단계로 개척해 나갔다고 했다.

우리나라는 발전국가와 복지국가 사이의 과도기에 접어들었다 하였다. 복지국가란 단순히 보면 가장 살기 좋은 나라가 모여 있는 북유럽 덴마크, 네덜란드 등으로 이해하면 편할 것이다. 아마도 한병철 교수가 말하는 피로사회란 복지국가에서 이루어지는 사회구조에서나 바랄 수 있지 않을까. 아직은 피로와 휴식이란 나약한 핑계로 인식돼는 시점이니까.

그러나 낙담하지 말자. 헌법 1조 2항. 대한민국의 주권은 국민에게 있고, 모든 권력은 국민으로부터 나온다. 나라의 권력이 국민으로부터 나오듯이 복지와 문화도 국민의 의식 수준에서 충분히 좋은 방향으로 이끌 수 있다. 의식전환과 성숙한 정신은 정치인들이나 셀럽의 본보기가 아닌 스스로를 직시하고 도덕적으로 변화해 가는 데서부터 시작하니까. 큰 변화는 언제나 작은 곳에서 먼저 이루어지는 법이다.

책이 얇은지라 읽기는 하루 만에 다 읽었지만 부분부분 끊기는 생각들에 적어도 2~3일은 옆구리에 책을 끼고 다녔다. 정리가 됐다 싶으면 새로운 개념들이 나타나 괴롭혔고 어려운 해설은 머릿속에 쉬이 자리 잡지 못했다.

이 책이 가진 전문성과 난해함은 날 우쭐하게 만들었지만 동시에 두통과 의문 역시 따라왔다. '누가 내게 이 책에 관해 질문을 하면 내가 그를 이해시킬 수 있을까.' 자신 없었다. 그저 성과사회는 우리 세대에서 피할 수 없는 삶의 구조이고 그런 혹독한 환경 속에서 피로사회는 하나의 방안이 될 수 있다고만 느끼는 게 다였다.

하지만 책이 얼마나 어렵던 간에 내가 얻은 건 분명했다. 후에 학교를 졸업하고 사회생활하면서 갖게 될 권태감이나 분노, 우울증에 대한 대처법을 인지할 수 있었다. 책 속의 지식은 내 경험이 아니라 타인의 생각과 경험이지만 그것을 어떻게 녹여내는지에 따라 그 영향은 전혀 다를 거라고 생각한다.

현대 사회를 살아가는 사람들에게 관통하는 공통점은 불안과 피로감일 것이다. 사회가 강요하는 성과에 대한 불안감은 피곤을 가져오고 이제는 그 피로를 인정하고 나를 착취하는 비극적 구조에서 휴식을 취할 때다. 재독 철학자 한병철 교수는 그 원인을 추적하고 분석해 독일 최고 권위지 『프랑크푸르터 알게마이네 차이퉁』으로부터 극찬을 받았다.

『흐르는 강물처럼』

파울로 코엘료 저

사랑을 상상하다

11월이 되자 내가 속해있던 소대는 5분대기 임무를 맡게 됐다. 말 그대로 출동 신호가 떨어지고 호루라기 소리가 삐리리릭! 귓가를 때리면 5분 안에 후다닥 무장 착용하여 신속하게 튀어나가는 거다. 그래선지 별다른 과업 없이 출동 외 시간은 오히려 널널하다. 내게는 무언가에 집중할 수 있는 최적의 임무였다.

당연히 독서에 몰두했고 그중 집게 된 책이 파울로 코엘료의 『흐르는 강물처럼』이다. 베스트셀러 『연금술사』의 작가로 알려져 있는 파울로 코엘료. 피천득의 『인연』, 더글라스 케네디의 『빅 퀘스천』처럼 자아성찰 에세이인데, 과연 작가는 어떤 생각과 정서로 글을 쓰는 걸까. 구관이 명관이라고. 그는 필시 나를 실망시키지 않을 것이다.

표지삽화는 몽환적인 바다, 물안개 속에서 천천히 나아가는 조각배의 그림이다. 곳곳에 허연 채색이 그리스로마신화의 스틱스 강을 건너는 뱃사공 카론을 연상시킨다. 한편으로는 하늘하늘한 것이 음유시인 정태춘의 〈떠나가는 배〉의 가사 한 부분을 그린 것 같다.

떠나가는 배. 넓은 바다 외로이 떠있는 조각배는 묵묵하게 물살을 가르며 어디로 밀고 가는 것일까. 그가 가른 물살이 뒤에 긴 족적을 남기고 이내 스러져 허무하더라도 나아가는 것에 무슨 의미가 있을까.

글의 형식은 대략 작가가 다른 작품을 준비하며 얻거나 일상생활에서 얻은 영감, 혹은 하루를 정리하며 쓰는 일기 형식이다. 우리나라 작가 이외수가 트위터에 글귀를 남기거나 '청춘불패'의 짧은 에세이처럼 그의 말은 하나같이 자비, 사랑, 꿈과 관련되어 있고 기도와 믿음, 사랑에 대한 이야기다. 종교적 믿음이라기보다는 우주의 원리 혹은 성공의 법칙, 한때 뜨겁게 달궈졌던 시크릿에 대한 믿음이다.

작가는 끊임없이 사랑의 힘과 중요성, 간절한 기도와 그에 따른 필연적인 기적은 당연한 것이고, 우리에게 인생이란 각자 자신에게 주어진 사명을 향하여 인내하고 기도하며 걸어가야 하는 순례길이니 이를 자각하고 열정을 쏟아야 한다고 말한다.

요즘 청년세대는 막연하게나마 되고 싶은 꿈이 없다고 한다. 그러니 자각은커녕 일말의 의미도 찾지 못한 채 그저 시간의 흐름에 몸을 맡기고 살아가는 것이 대부분이다. 물론 우리나라 사회 구조상 꿈을 이뤄나가고 쟁취하는 게 쉽지는 않다. 흔히들 현실 이란 통곡의 벽에 가로막혀 이도 저도 못해 누구는 울분으로 표출하거나 안으로 감춘 채 우회하며 산다. 초등학생들도 아는 이 같은 불편한 진실을 외면하고 단순히 '꿈☆은 이루어진다.'라고 말하는 건 무책임한 변명이다.

우리는 보통 일생을 표현할 때 길이나 그래프로 설명한다. 좋은 일이면 상승곡선이나 고속도로를 달리는 것으로, 나쁜 일이면 하강곡선이나 비탈길에 굴러떨어지는 중이란다. 좋게 포장하면 산을 오른다고도 말한다. 그래서 일생의 마인드맵엔 항상 인과응보, 다사다난, 새옹지마 같은 사자성어들이 따라다닌다.

그런데 작가가 말하는 일생은 이보다 더 포괄적이다. 자신에게 시련이 닥치더라도 신^{우주}은 내가 탈선할 만큼의 시련은 주지 않고 그에 맞설 힘 또한 부여하나 이러한 믿음 이전엔 '사랑'이라고 말해준다. 해서 각자의 마음의 소리에 귀 기울이고 제한적이거나 구체적인 구속이 없는 진솔한 사랑을 행하라고 말한다. 더불어 각자의 길에 정해진 답은 없으니 스스로가 사랑하고 믿는 대로 행하라고, 그 길에는 '남'이 아닌 '나'만이 존재한다고 말이다.

아마 이런 뜻이 아닐까 싶다. 길의 바탕은 사랑이고 희로애락의 사건들은 그에 속한 장식일 뿐이라고. 우리가 사랑을 실천하면 인과의 톱니바퀴는 어떻게 맞물릴지 아무도 모르고 자신의 사랑은 개성에 따른 고유의 것이라고 말이다.

표지삽화가 살짝 이해가 가는 듯하다. 몽환적인 분위기의 바다. 그 위로 고독하게 떠나가는 배. 나아가는 배는 물살을 일으키고 지나간 자리에는 파동만이 남는다. 파동은 미약하게나마 끝이 아닌 끝에까지 다다르며 퍼져나가고 그 흔적은 어떻게 됐든 무언가에 영향을 줄 것이다. 어렵다. 아직은 뜬구름 잡는 이야기 같다.

호각소리가 울리면 다다다 뛰쳐나가고 이것저것 뒤치다꺼리도 하고 여기저기 불려다니던 와중에도 그나마 남는 시간을 이용해 나름 열심히 파고들어선지 3일 만에 다 읽었다. 내 마음 수양의 깊이가 아직 얕아 책의 메시지의 본질에 가깝게 이해를 했는지 의구심이 들지만 일단은 되었다.

한편으론 새롭고 놀랍다. 노자 때부터 인생이니 우주니 권선징악이나 인과응보, 만물에 대한 사랑 같은 화제는 동양의 철학이고 서양은 유일신에 대한 믿음이 철학의 기초로 알고 있었다. 내 얕은 지식의 한계를 여실히 깨닫는 중이다. 이런 내용들은 동양인에게는 사이비 혹은 의문스런 이야기들로 비칠 수 있으나 서양인인 작가가 풀어내니 신비로운 부분이 있다. 문화의 차이가 문명의 차이는 아닐진데 이해의 차이란 내가 서 있는 환경과 무관하지 않다는 데 방점이 있다.

역시 구약성서에서 의심하고 방황하는 욥에게 하느님이 창조에 대한 질문을 한 것처럼 모든 게 제멋대로 무조건적인 것은 없나 보다. 식견이 좁았다. 그리고 이런 가르침이 앞으로의 군생활에도 어느 정도 도움은 될 것 같다. 이것도 내 인생 흐름의 일부이고 지금 나를 갈구는 선임에게도 단지 사랑의 변환 방식이 필요한 것뿐이라고. 수학문제를 풀 때 기존의 공식들을 합치거나 변형해야 풀 수 있듯이 말이다. 언제나 그랬듯이 시간이 문제지만.

2장 | 더하지도 덜하지도 않게

· 실무 배치

이 시기에 읽은 책 중에서

『대학·중용』 – 주희

『퍼펙트 워크』 – 왕중추, 주신위에

『호밀밭의 파수꾼』 – J.D 샐린저

『왜 나는 너를 사랑하는가』 – 알랭 드 보통

실무 배치

꿈만 같던 수료식 외출이 끝나고 그날 밤은 잠이 오지 않아 새벽까지 동기들과 모여앉아 얘기를 나눴다. 당연히 몰래. 그날만큼은 DI도 유연하게 우리를 다루었고 그때만큼은 훈련받을 때 숨겨졌던 그들의 인간성이 한 방울씩 묻어나오는 듯했다.

그러나 아침이 밝자 분위기는 사뭇 달랐다. 1사단에 배정받지 않은 동기들은 버스를 타고 2사단, 섬, 사령부 등등으로 흩어져야 했다. 여자도 아닌 사내놈들이 서로를 보는 눈길엔 아쉬움이 질척질척 묻어있었다.

한편, 1사단으로 배치받은 인원들은 병과에 따른 교육관이 오기 전까지 교육대 생활반에 대기하고 있다가 각자 데려갈 예정이다. 보병은 한꺼번에 이동했다가 실무·성교육·폭력에 대한 교육을 들은 후 부대로 가기까지 지도해주는 게 DI의 마지막 역할이란다.

미지의 장소에 대한 긴장감을 뒤로하고 일렬로 서서 녀석들이 타고 가는 버스를 향해 박수는 천당에서 지옥까지, 군가는 목소리가 하늘에 닿을 때까지 우렁차게 불러줬다. 이제 시작이었지만 마치 끝인 것처럼 동기들을 보내고 난 자리엔 버스가 남긴 퀴퀴한 매연만 남겼다. 아마 전역 후에 찾아서 연락하지 않는 이상 다시 만나기긴 힘드리라.

17-1 보병들을 인도해줄 간부를 기다리며 우리는 끊임없이 우리만의 정보를 공유했다. '어디 연대 그렇게 빡세다더라…', '제일 오도된 곳이 순서대로 여기, 여기더라…', '1사단 보병은 보색대 ^{'보'병+'수'색대} 라고 불리고 365일 중 300일을 훈련한다더라…' 등등 솔직히 공포였다. 강한 남자가 되는 것은 좋았으나 그것을 정신적으로 받아들이는 것은 다른 차원의 문제였다. 가면 알게 되겠지만 기본적인 것이라도 알아야 준비를 할 것 아닌가.

오후에는 예정대로 연대·대대 배치를 받고 연대·대대장에게 신고식을 했다. 연대·대대 주임원사는 '해병대는 SNS에 퍼진 여러 루머들과는 관계가 없다.'는 다소 예측가능한 연설들을 지루하게 늘어놓고 우리들을 인사과에 몰아넣었다. 몇 시간 뒤 각 중대장들이 와서 이놈, 저놈 하며 골라댔다. 난 그중 그나마 키가 컸고 체격_살이 좋다는 이유로 생각지도 못한 박격포를 들게 됐다. 마음속엔 이미 두려움이 자리했는지라 거절은커녕 싫은 기색 한 번 못 내고 '까라는 대로 깠다.'

가장 먼저 배우는 건 청소다. 이병의 청소담당은 분리수거다. 일주일간의 동화기간에서 선임들이 한 걸 보고 흉내 내며 배우는 거다. 휴게실에 쓰레기통을 쏟아 붓고선 아주 빠른 스피드로 분류를 해야 하는데 지켜보는 병장들의 매와 같은 눈빛이 온몸으로 쏟아진다. 중간 짬되는 갓 상병들도 한몫 거들어서 짬티를 내곤 했다. 그 외에 여러 인계, 선임기수표 등 이병이 알아야 될 것들은 항상 고됨을 동반했다.

나는 당시 교육대 극기주의 후유증으로 잦은 빈혈 증세를 보였는데 그 때문에 정말이지 무거운 걸 들 때는 힘이 배로 들고, 아무 때나 코피가 나고 훈련이나 교육할 때도 미친 듯이 잠이 쏟아졌다. 비록 빈혈이 이것들과 상관관계는 없을지라도 개인적으로 느끼는 피로감은 상당했다. 때문에 나는 늘 고참들에게 혼이 나거나 잔소리를 피해 갈 수 없었다.

하지만 정신적인 스트레스보다는 육체적 고됨이 더 커서 나는 결국 중대장한테 면담을 요청했다. 정신적인 부분은 어느 정도 자신하고 살아왔고, 청소년 시기에 체득했던 경험들로 극한의 경우가 아니면 감정이 드러나지 않은 표정으로 견뎌낼 수 있었다. 고교 시절 기숙학교에서 배운 것은 어떤 경우에도 혼자 이겨내고 헤쳐나가야 한다는 결기였다. 스스로도 방황하는 사춘기 기간을 질서와 규범과 규율 속에 놓여진 것은 다행이라 생각했다. 정제된 감정은 그렇게 습득했다고 자신했다.

그러나 몸에서 일어나는 이상은 정신을 앞서갈 수 없었다. 우람

한 몸과 상관없이 시도 때도 없이 줄줄 흐르는 코피는 어찌해 볼
도리가 없었다. 콧속 실핏줄이 약해서라는 의사소견이나 간간이
먹는 처방약도 소용이 없었다. 붉은 피는 잘 때도 기도를 막을
만큼 흘렀고 그만큼 몸의 피로도는 최악이었다.

부대 내 의무실은 물론 포항 시내에 있는 병원까지 다녔으나
호전은 없었다. 직속상관이나 선임, 동기들은 안타까워하며 위로
했지만 이대로 견디기에는 민폐를 끼치는 꼴이었다. 많은 고민과
생각이 필요했다. 동료들에게 혹시 피해가 가지 않을까 하는 생
각과 함께 유약한 인물로 보이는 것은 더더욱 싫었다.

어떤 사회나 단체·기업이든 부하 직원이 몇 단계 위에 있는 상
관을 직속으로 만나는 걸 꺼림칙하게 보는 경향이 있다. 게다가
군대에서 그런 모습이 목격된다면 사정이야 어찌 됐든 십중팔구
내부 고발자 소위 '꼰질' 로 몰리기 십상이다. 나 역시 그런 경향에서
자유롭지 못했고 이는 고스란히 내게로 돌아왔다. 사정을 잘 아
는 생활반 동료들을 제외하고는 뭔가 있을지도 모른다는 부풀려
진 소문들은 진실과는 상관없이 가상의 인물을 양산해냈다.

후에 소총소대로 옮겼지만 첫 매듭부터 꼬인 군생활은 풀리긴
글렀고 이미 엎질러진 물이었다. 나 때문에 피해 본 사람도 없는
데 '내가 과연 무엇을 잘못했을까.'라는 의문이 솟구쳤지만 선임
들을 흘낏 훔쳐보기만 해도 도끼눈을 하고 분위기를 낮게 깔기
에 그냥 궁금한 채로 있기로 했다. 직접 알아가기엔 나는 아직 계
급이 낮다.

갓 전입 온 신병은 걸음마를 뗀 아기와 같다고 종종 비유를 하곤 한다. 청소·빨래부터 사소한 예절 하나까지 암묵적인 통제와 교육을 받기 때문이다. 제3자의 시선으론 암만 봐도 이상한 규칙을 군대 내에서는 문화로 인식하고 따르는데, 요즘은 많이 나아졌다고들 하지만 큰 틀은 남아있다. 인도의 카스트 제도와 비슷하다. 병장과 상병은 브라만이고 그 밑은 바이샤나 수드라로 말해도 될 만큼 계급에 따른 행동반경의 제약이 분명하다.

그래선지 군대 하급자에게 어느 정도 행동양상의 공통분모가 있는데, 일단 생각을 잘 안 한다. 그저 시키는 대로 더하지도 덜하지도 않게. 생각의 꼬리가 길어질수록 이성에 가까워지고 이는 즉, '내가 이걸 왜 해야 하나.', '억울하다.' 등의 물음으로 이어져 스트레스만 양산할 뿐이다. 혹자는 기어코 '왜'라는 질문을 갖고 행동으로 보여주는 경우도 있지만 전에 말했듯이 내부고발자로 찍혀서 잘못하면 21개월 외로운 군생활을 할 수도 있어 쉬이 나서진 못한다.

선임들은 말한다. 그게 배우는 거라고. 사회에서 억울한 일을 당했을 때 먼저 속을 갈무리하는 방법을 연습하는 거라고 말이다. 살갑지 않은 고육책이다. 때문에 대부분 그 문화에 따르지 않으면 금방 낙오되고 사회부적응자, 소시오패쓰 등으로 몰리니 어쩔 수 없이 따른다.

그런데 달리 보면 이것 또한 연습이 되지 않을까. 모두가 나를 부정하는 상황에서도 끝까지 자신의 신념을 곧추세우고 밀고 나가는 의지. 부정이 남용되는 자리에서도 시비를 가리고 소신 있게 자신의 의견을 피력할 수 있는 용기 같은 것 말이다. 타협하는 방법은 군대가 아니더라도 어디서나 누구나 할 수 있는 태도다. 적어도 내가 군대에서 배울 수 있는 것은 이것보다 더 많아야 했다.

무작정 책을 읽었다. 읽고 싶은 것, 새로운 분야를 가리지 않고 나의 교양을 채워 줄 수 있는 책들을 모조리 담아 관물함 구석 편에 놓고 다 읽을 때마다 4~5권씩 바꿔갔다. 한 달에 평균 7권가량 읽었던 것 같다. 그리고 한 손에 들어오는 수첩에 매번 짧은 감상평을 써나갔다. 생각을 정리할 수 있는 나름의 방법이었다. 이해가 안 되거나 애매한 부분들은 부모님과 전화통화 할 때 30분, 1시간 넘어가며 토론을 했다.

당연히 이 모든 것이 순탄치는 않았다. 눈치 보면서 전화를 끊었다, 걸었다 하는 것은 다반사였고, 부모님의 따뜻한 격려에 무엇이든 다 할 수 있을 것 같은 자신감이 솟구치다가, 전화를 끊고 나면 밀려오는 막막한 현실과의 괴리감은 너무 컸다. 생활실 분위기는 항상 무거워 휴게실로 나와 읽었고 안 될 때는 화장실에 자리 하나 차지하면서 읽어댔다.

솔직히 다소 유난 떤 것이 사실이지만 군대 내의 분위기나 선임들이 해준 말과 보여준 행동들이 나의 동력원에 큰 기여를 했다. 군인에게 필요한 과업들을 제외하곤 나머진 어쩌면 사회와 다를 바 없다고 느꼈다.

내가 다녔던 기숙 고등학교 때와는 달리 산만한 소속감과 관계, 관계에서 도태당하지 않기 위해 속으로 손익을 따져가며 보이는 언행들, 결과적으론 생존을 위한 자기방어였다. 물론 나중에야 내게도 필요한 태도이겠지만 아직은 그러고 싶지 않았다.

선임티, '여기서 얻을 건 사람밖에 없다.' 인정하기 싫었다. 어떻게 스물 안팎의 청년들이 21개월 부대끼면서 얻는 게 사람뿐이랴. 당연히 인맥은 중요한 요소지만 우리들은 앞으로 살면서 만났던, 알고 지내던 사람들보다 더 많은 인연들이 올 것이고 스쳐 지나갈 것인데 금쪽같은 2년을 그걸로 만족해야 한다는 게 내 자존심을 건드렸다. 다른 가치에 몰두하고 싶었고 실력을 키우고 싶었다.

두 달이 지나 일병이 되었고 내 일상은 거의 변하지 않았다. 매일 구박받는 것도 여전하다. 그들을 탓하기엔 내게도 문제가 있을 테니 '00가 나쁘다.'라고 하기엔 양심이 쓰라렸다. 총검술이나 다른 군사기초과업을 따라가기도 버거워하는 건 당연지사. 그리고 나는 적잖이 어리바리한 면이 있는 데다가 재미없는 녀석이라 친해지는 데 시간이 필요한 타입이니까.

미운 정도 정인가 보다. 골치 아픈 고집쟁이로 통했지만 그래도 시종일관 같은 모습을 보여줘선지 이해 혹은 타협의 태도로 몇몇 선임들이 다가오긴 했다. 내게 독하다고. 그렇게 털리고 당하는데 꿋꿋이 하는 걸 보면 너도 참 난 놈이라고. 내심 어깨 으쓱했다. 내가 원하던 바도 어쩌면 이런 평가였는지도 모른다. 규칙을 지키면서도 남은 시간을 이용해 예외 없이 자신에게 혹독했으니 선임들의 이런 평가는 좋은 의미일 수도, 아닐 수도 있다는 뜻이다. 어느 쪽이든 상관없다. 우리 모두가 서로에게 인생 공부한다 셈 치면 서로 퉁친 거니까.

일병이라고 특별한 것은 없다. 작대기 2개인 것 빼고는 이병과 구분될 도드라진 특징은 딱히 없는 것 같다. 7개월을 해야 상병인데 말이 7개월이지 길게 늘이면 반년하고도 한 달이다. 스스로에게 다짐한다. 언제가 될지는 까마득하지만 짬이 차더라도 흐트러지지 말고 지금 이 느낌 이대로 가자. 전역하고 나면 2년의 시간과 전역증 하나 달랑 얻는 게 아닌 조금 더 멋진 걸 얻기 위해 꾹 참고 살아보자. 나를 자극할 시련의 컨디션도 적당해 보인다. 거기에 인내심을 기를 수 있는 최적의 환경도 조성돼있으니 자신과의 싸움에서 지지 말자.

"작지만 강한 해병"

『대학·중용』

주희 저

어둑시니를 마주보다

고전에 흥미가 생겼다. 선뜻 손이 안 갔던 대학·중용을 호기롭
게 뽑아들었다. 고동색 하드 표지에 누가 봐도 하품이 먼저 나올
것 같은 고풍적인 인물묘사와 바탕을 이루는 수묵화. 책을 펼치
면 옮긴이의 말과 함께 책의 탄생 배경이 20~30장가량 서술되어
있는데 제치고 싶은 마음이 굴뚝같지만 그래도 이왕 읽어본다.

저자 주희는 성리학의 사서삼경 중 사서의 순서를 『대학』–『맹
자』–『논어』–『중용』으로 나누었는데 그 중 대학과 중용은 형이상
학적인 내용을 담고 있다고 한다. 성경으로 따지면 예수가 부활
이전에 설파한 '믿음 이전에 사랑이니라.'라는 개념이랄까. 그 외

에 당시 시대상과 정서 같은 사회구조가 책에 고스란히 반영돼있어 현대의 사상과 비교하며 읽을 수 있을 것 같다.

본문 내용은 반이 채 되지 않고 뒷장에 한자본과 빽빽한 주석이 대부분이다. 한글로 번역하는 과정에서 옮긴이의 성향과 통상적인 해설이 본문 사이사이에 달려있는데 이 덕분에 읽기가 매우 수월했다. 예나 지금이나 인간의 생각은 시대의 가치나 과학의 발전에 따라 모습을 바꿔왔지만 메커니즘은 그대로였다. 이를테면 '오늘 뭐 먹지?', '오늘 뭐 하지?' 등의 물음을 예로 들 수 있다.

고전이 현대의 우리들이 공감하지 못하는 과거의 군상들을 시간의 굴곡에 상관없이 투사해주는 매개체라고 불리는 이유가 여기에 있다. 동양철학 중 주자학의 정신적 뼈대를 담당했다던 대학과 중용. 자본주의에 살고 있는 우리들은 다소 고지식한 조상들과 어디까지 공감하고 그사이의 교집합을 이끌어낼 수 있을까.

유교는 실천을 중요시한다. 의외다. 탁상공론, 설전, 도통론하면 조선시대부터 공부가 제일이고 다른 공부는 무시했던, 말만할 줄 알지 실천과는 거리가 먼 유학자들을 떠올렸는데 나의 착각이었다. 오히려 실천을 중요시하고 운명에 순종적인 태도를 경계해왔다. 자신의 본성을 운명이라며 한탄하지 말고 움직여 공부함으로써 자신이 스스로의 주체가 되도록 노력하라고 강조한다.

자기계발서에 단골처럼 등장하는 '공부하면 인생이 바뀐다.'라는 말이 유학에서 교리의 양식으로 쓰일 줄이야. 한편으론 공자와 여러 성인의 예시를 들며 군자의 덕목을 말하였는데 모두가 알다시피 삼강오륜, 지혜로움, 인자함, 용맹함 등 그 글에선 근엄한 표정의 매서운 눈매를 가진 다소 외골수적이고 보수적인 훈장님의 모습이 연상되지 않는다.

그저 하늘의 뜻인 성실함을 행하고 자기수양에 힘쓰며 덕을 베풀라고 한다. 마치 종교경전에서 사랑과 자비를 행하는 법에 대해 알려주는 것 같다. 단, 시기를 맞춰 행동하란다. 어떤 상황에서도 신념을 굽히지 않을 것을 은근 부추기는 여타 종교들과 달리 나름 인간적으로 보인다. '네가 아무리 잘나도 때를 못 맞추면 고생이니 기다려라. 너의 시대가 올 것이다.' 라고 인생선배가 후배에게 말하듯이 꽤나 세속적인 조언이다.

하기야 당시엔 어딜 가던 전쟁이니 까딱하면 자신의 심오하고 원대한 뜻을 펼치기는커녕 입도 뻥긋 못하고 죽어 나갈 수 있으니 무리는 아니다. 읽다 보니 대학과 중용이 어째서 사서의 처음과 끝을 장식했는지 알 것 같다. 소학과 대학에서 기초적인 교양을 쌓고 맹자와 논어에서 실질적인 유학의 교리와 이념들을 배우면 다시 중용으로 풀어주는 느낌이랄까.

자칫 어린 유학자가 지나친 자신감을 갖거나 정형화된 틀에 갇혀 고인 물처럼 썩어가는 것을 미연에 방지하고자 마련한 중화제. 말 그대로 지나치거나 모자라지도 않고 한쪽으로도 치우치지도 아니한 상태인 것이다. 대학과 중용은 내게 이렇게 다가왔다. 젊은 세대가 알고 있는 점잔빼는 공부만이 유학의 다가 아니었다.

아마 대학을 읽고 중용 21장쯤 넘어가면 책에 종교적인 요소가 다분하다고 느낄 수도 있겠다. 끝에 갈수록 유난히 '하늘의 도', '운명'이란 단어가 눈에 띈다. '하늘의 뜻에 따라~', '제각기 본성을 부여받아~' 등 살짝 민간신앙과도 연관이 있어 보인다.

그래서 책이 쓰인 당시 학자들에게 주목받지 못했고 우리나라에선 원대에 이르러 불교와 도교를 물러내고 주자학을 들여오기 위해 밑바탕으로 쓰인 건가 보다. 후에 정약용은 도통론의 폐단을 경계하며 다소 비판적인 해석을 내놓았는데 확실히 현명한 판단이었다고 생각된다.

국사시간에 조선 파트를 훑어봤던 사람이라면 왕조에 따라 다양한 계파가 있었다는 걸 알 것이다. 남과 북으로 나눈 것도 모자라 동과 서에도 人이 있는데 그 속에서도 또 다른 부류가 있으니 정말이지 골치 아픈 계보다. 21세기 대한민국에선 남과 북으로 나뉘어 긋는 선은 예나 지금이나 다를 바 없어 보인다.

공부를 하면서도 시대를 읽어야 한다는 중용의 가르침이 한편으론 무겁게 다가온다. 어떤 완벽한 가르침이나 교리가 있더라도 그것을 믿고 따르는 건 결국 사람이다. 성인이나 자연 같은 절대적인 기준보단 사람의 잣대로 세상이 움직인다는 것을 염두에 둔 것일까.

공부하고 덕을 쌓으면서 자신의 실력을 성인의 사상과 비교하며 연습하고 시대를 읽고 움직이라는 뜻에서 그들의 답안지를 인정해야 한다는 의미일지 모르겠다. 공자가 길가의 풀숲에서 변을 보는 사람에겐 호되게 꾸짖었으나, 길 한복판에서 변을 보는 사람에겐 무시하고 지나간 일화에서 보면 알면서 저지르는 것과 모르면서 하는 것은 분명 큰 차이가 있듯이 말이다.

종교와 학문의 중간선상에 위치하는 듯한 유학. 대학과 중용을 읽음으로써 내게는 마냥 외골수로만 보이던 유학에 대한 선입견을 바꿀 수 있는 기회가 되었다. 고리타분한 규율과 엄격한 예의 범절 등은 너무 타이트하지만 신구 新舊 의 교차점을 찾았다는 점에서 큰 의미를 두고 싶다.

전설로 전해져 내려오는 도깨비 중에 '어둑시니'라는 놈이 있다. 본래는 아무것도 아닌 놈인데 겉모습을 보고 지레 겁을 먹으면 그에 따라서 몸도 커지고 괴기스럽게 변하지만 무서워하지 않으면 콩알만큼 작아지다가 이내 '뿅'하고 사라지는 웃긴 녀석이란다.

비유가 애매했지만 고전 古典 도 이와 비슷하다. 흔히들 어릴 때부터 부모님께 고전은 교양의 기본이고 한 번쯤은 읽어야 할 필독서라고 귀에 못이 박히도록 들었을 것이다. 커가면서 '어렵지만 해야 되는 것 List 7'에 올라 다이어트처럼 실행은 못 하고 두통만 유발하는 숙제로 남겨둔 채 성장한 게 나뿐만은 아닐 것이다.

나는 그나마 군대라는 환경에서 단 하루도 헛되이 보내지 않으리라는 과장 섞인 결단력에 접해보지 않은 분야에까지 닿게 한 경우다. 잠시나마 용감해졌던 찰나의 감각이 소중하고 기뻐서 책을 다 읽고도 며칠 동안 다시 제자리에 두지 못했다.

과거 학자들이 같은 책을 두고도 오랫동안 열렬히 토론할 수 있었던 원동력을 알 것만 같았다. 그만큼 개인의 편향으로 쉽게 교리의 정의를 단정 지을 수 없을 정도로 공부의 폭이 넓었다. 내가 얻은 것이 미비하거나 정의와 조금 거리가 멀어 보일지라도 굳이 신경 쓰지 않는다. 나의 부족한 부분을 채워준 것만으로도 충분하고 조상들과 세대를 제쳐 두고 공감을 했다는 데서 만족했으니까.

사실 고전古典은 별거 아닌 것도, 끝에 '뿅'하고 사라지는 것도 아니다. 하지만 겁을 먹고 도전을 하지 않으면 마음 한구석에 어둑시니처럼 남아 찝찝하게 들러붙을 뿐이다. 겨우 책을 읽는 것에 도전이라는 단어가 거창하게 들릴지도 모른다. 그러나 우리가 육체적으로 단련하고 순간순간에 무형의 한계를 넘듯이 지식을 넓히는 면에서도 마찬가지다. 둘러싸인 사고의 울타리를 허물고 영역을 넓히기 위해 모험을 한다는 점에서 새로운 분야와의 접촉은 도전이라 부를 만하지 않을까.

『퍼펙트 워크』

왕중추, 주신위에 저

완벽한 인간이 아니면 좀 어떠랴

왕중추 책을 읽어본 적이 있다. 중학생 때 아버지의 권유로 읽어본 『디테일의 힘』은 아무것도 모르는 중학생에게 다소 어려웠지만, 자기관리에서 자수성가까지 많은 실패를 겪고 돌아와 성공에 다다르는 과정이 꽤나 로맨틱하게 재연돼 있었다. 여러 미담에 매료되어 한때나마 무작정 성실하게 살아야겠다는 다짐을 했던 것 같다.

왕중추의 말에 확실히 거짓은 없다. 그러나 어른이 되면서 겪은 현실과 책에서 배운 정답 사이의 불통不通이 가슴 한가운데를 꿍 막아서 한숨만 토해내게 만들 줄은 미처 예상치 못했다. 그렇게 옛 다짐은 씁쓸한 기억으로 남아 차차 그 흔적이 옅어질 때쯤 왕중추는 새로운 주제를 들고 나타났다.

'퍼펙트 워크'. 디테일의 힘에서 더 나아간 비즈니스 라이프의 완성형이라고 볼 수 있다. 제목만 봐도 대강 진부한 스토리가 나올 것 같아 살짝 몸서리쳐지지만, 한편으론 작가가 어떤 매력적인 화술로 나를 다시 희망에 차게 할지 궁금하기도 하다. 어쩌면 군대 내 생활에서도 써먹을 데가 있을지도 모르겠다.

과거 『디테일의 힘』에서 고객들의 니즈 needs 에 민첩하게 대처할 수 있고 서비스에 세부적인 부분까지 힘썼다면 이제는 퍼펙트 워크에 도전해야 한다. 퍼펙트 워크는 인간은 누구나 실수를 하기 마련이라는 원죄론의 편견을 부정하는 데서 시작한다. 결과적으론 완벽을 추구하고 좋은 습관을 만들어 탁월함에 도달해야 한다고 말한다.

그러나 대한민국 청년들은 걸음마를 뗄 때부터 오롯이 성공을 위해 여러 가지 사교육을 자의든 타의든 간에 받아오며 컸다. 성공을 위한 벼랑오르기에 가깝게 살아왔다고 해도 무리는 없을 것이다. 그렇게 발버둥 치며 살아온 우리들에게 완벽함을 말하는 건 심히 폭력적으로 들린다.

하지만 우리는 알고 있다. 끝이 완벽함이든 뭐든 간에 무언가를 꾸준히 해야만 아슬아슬하게 희망을 붙잡아 볼 수 있다는 것. 더불어 저자도 퍼펙트 워크가 규모가 크고 복잡다단한 구조로 보여도 이는 단순한 일과의 누적이라고 말한다.

데밍 박사의 '1퍼센트 이론'처럼 매일 자신의 모습을 1씩 바꾸면 언젠가 완벽해진다는 동화에 가까운 이야기를 들먹이며 말이다.

꾸준함은 모든 분야에 통하는 정설임이 틀림없으나 반면, 매일 자신을 고쳐나가 100을 만드는 건 현실적인 방안은 못 되는 듯하다. 우리 모두는 어릴 때부터 같은 교육을 받고 잘못된 습관이 있으면 교정해가며 늙어 죽을 때까지 반성하고 후회하며 자신을 다듬어간다. 1씩 고쳐서 100을 이루는 건 기계가 아닌 이상 실현하긴 힘들다.

그저 끝까지 꾸준하게 걸어가는 것. 남들이 자신보다 앞서가더라도 흔들리지 않고 자신의 페이스를 지키는 것이 목표에 조금 더 다가가는 과정이 아닐까. 조심스럽게 생각해 본다.

퍼펙트 워크에선 현실적인 계획을 세우면 반드시 행동이 첨가되어야 한다. 그리고 처음부터 '제대로 일해야' 자기반성 및 비판이 가능하고 피드백 소통에 문제가 없단다. 저자는 고객과의 소통에 썼던 방법과 달리 독자와의 소통에는 강경하고 일방적인 태도로 말했다.

'끊임없이 배움에 힘쓰고 새로운 것을 접하라. 정보화시대에 낡은 지식에 의존하거나 무지의 태도는 스스로 도태되겠다고 하는 것과 다를 바 없다. 우리는 계속 배워야 한다.'

저자는 악화되는 청년 취업난, 취직해도 일자리가 불안한 청년들에게 성공과 성장의 바탕에는 배움의 자세가 있어야 한다고 설득했다. 그래서 우리는 배운다. 대학을 졸업하고도 직장에서 원하는 능력을 맞추기 위해 다시 공부하고 언젠가 도움이 될 것 같은 공부는 무조건 달려들어 자격증을 따는데도 부족해 매일이 공부다.

우리는 끊임없이 배우고 새로운 '나'를 만들어가는데, 성공은 코빼기도 안 보이고 괴로움은 여전하다. 만일 세상의 절대적인 존재가 우리들의 전생의 업이 무지에서 비롯됐으니 더 정진하라고 했다면 억울함이 덜 했을까.

어쩌면 이미 준비된 청년들에게 필요한 건 더욱 공부에 정진하는 자세보다도 먼저 앞서간 선배들의 격려와 신뢰를 바탕으로 한 배려일지도 모른다. 한때의 자신을 떠올리며 젊은 인재들에게 선뜻 기회를 내줄 수 있는 호의 같은 것 말이다. 자본주의에선 실천하기 거북한 꽤나 낭만적인 방법이지만, 조선시대에는 낭만적인 소설이나 시와 노래로 서민들의 삶의 애환을 녹이기도 했다. 21세기에는 보다 직접적인 낭만이 청년들의 고달픔을 위로해주지 않을까 싶다.

우리는 흔히 완벽함이란 단어를 들으면 자연스레 인간성의 결핍을 떠올리곤 한다. 기계처럼 척척 일을 해내는 그들이 괜히 야속해 보이고 실수 없는 모습에 정나미가 뚝뚝 떨어진다. 하지만 저자는 자본주의 사회에서 조명받을 주인공들이 가져야 할 습관·태도는 오히려 그러한 완벽함이고 철옹성처럼 튼튼한 자신만의 커리어를 연성해가야 한다고 말한다. 확실히 성공의 법칙으로는 어디 흠 잡을 데가 없는 말이다.

그러나 철저한 준비와 계획 덕에 인생은 뜻하는 대로 풀리고 성공하면 우리는 과연 행복할까. 100을 만들기 위해 매일 1씩 쌓아가는 자신의 내면에 타인의 자리는 존재할까. 우리는 모순적이게도 행복의 척도로 성공을 꼽지만, 성공의 척도로 행복을 꼽지는 않는다. 우리는 성공하고 행복해지기 위해 공부를 하지만 막상 그 너머엔 무엇이 있을지 짐작조차 못 한다. 나는 퍼펙트 워크가 좋지만 만약을 위해 하나의 여지를 남겨두고 싶다. 성공을 위해 100을 다 쌓지 않고 1을 남겨 채워질 무언가를 기다리고 싶다.

그것이 여전히 자신의 문제일지 아니면 다른 외부적인 요소일지는 개인마다 성향 차이가 있으니 확답을 지을 수는 없지만, 그런들 어떠랴. 힘든 세상을 헤쳐가는 청년들에게 다소 낭만적인 당근이 필요하듯이 개개인에게도 그런 낭만을 받아줄 공간이 있어야 되지 않겠는가. 퍼펙트와 낭만, 완벽과 인간성은 서로 대칭점에 위치하지만, 동전은 앞면과 뒷면이 있어야 동전이듯, 이 역시 그러할 것이다.

『호밀밭의 파수꾼』

J.D 샐린저 저

삶의 본질을 고민하다

군대에는 의외로 책이 많다. 여기저기 사회단체가 기증하기도 하고 개인의 이름으로 기부한 책, 진중문고라는 군 서점을 통해 엄선된 책들이 분기마다 들어온다. 덕분에 같은 책이 수십 권 있기도 하지만 분야를 가리지 않고 다양한 책들이 즐비 돼 있는 편이다. 그렇게 마련된 책들이 페인트 도색이 벗겨진 낡은 철제 책장에 켜켜이 꽂힌 것을 보면 지금의 남는 시간과 지난날 놓쳐버린 기회의 기억들이 뭉쳐져 문득 아무 책이나 집어 들게 만든다.

『호밀밭의 파수꾼』, '영원한 청춘과 방황'이라는 명성을 귀가 따갑도록 들어왔고 이 외에도 내가 알고 있는 수식어만 여러 개다. 300쪽 안 되는 작품이 600쪽 넘는 작가평전을 만드는데 일등공신의 역할을 한 것이 책의 작품성을 대변해주는 듯하다. 내가 독서에 무신경했던 세월이 새삼 길게 느껴진다. 마침 군대라는 격리된 공간이 그동안 쌓지 못했던 교양을 쌓고 다듬어가는데 괜찮은 곳일 테니 양심상 차마 좋다고는 못하겠고, 무엇에도 쫓기지 않고 가벼운 마음으로 한 장 한 장 넘기면 되는 것이다.

주인공 홀든 콜필드의 문어체와 구어체를 오가는 어휘와 청소년기의 혼란과 다소 우유부단함으로 보이는 갈등들은 독자들을 공감시켜 주기에 충분했다. 그가 이상과 현실의 간극을 참지 못해 방황하는 과정에서 아마 과거의 우리들이 툭툭 튀어나오는 것을 만날 수 있을 것이다. 이상과 현실의 간극은 주인공 콜필드를 방황하게 만드는 요인이지만 순수를 지키고 싶어하는 주인공의 심정은 모두의 로망이 아닐까.

한편, 주인공이 기숙사 학교를 가고 친구를 만나고 비행을 하고 방황을 하는 것들이 마치 한국 근대소설 '오발탄'의 엔딩을 사춘기의 비관적 표상으로 각색해 연장한 느낌이다. 순수하리라 여겼던 학교에서의 오만과 위선에 참을 수 없는 배반감을 느끼고 벽에 쓰여진 욕설을 지우는 데 집착한 단편적 모습이 그가 얼마나 파수꾼으로 살고 싶었는지 낯설지만 호응할 수 있었다.

여기서 호밀밭의 파수꾼은 단란한 생활과 추락과도 같은 방황 사이에서 아이들을 보호하는 수호자라고 상상하고 믿고 자처하는 인물상이다. 자신을 친동생처럼 여겼던 엘리를 죽음에서 지켜주지 못한 죄책감과 동심이 일으킨 보호본능, 동생 피비의 순수성에서 엿본 아름다운 세상에 대한 갈망이 뒤엉킨 콜라주다.

하지만 책을 읽어가면서 우리는 이렇듯 상상하는 모습과 달리 엇나가는 홀든 콜필드의 모습에서 모순을 보지만 오히려 그런 괴리감이 작품 콜라주 과 작가와의 비극을 말해주는 요소가 아니겠는가. 끝내 어른의 세계로 들어간 홀든 콜필드는 사흘간의 방황에서 자신과 스쳐 갔던 인연들을 떠올리며 인생을 다소 회의적으로 받아들인다. 정말 이게 끝일까? 책은 끝이 났지만 홀든 콜필드 이후의 이야기는 우리 모두가 알고 있다.

청소년기의 방황은 필연적이다. 다만 내면의 고충이 표면적으로 드러나는지 내면에서 앓는지에 따라 과정과 기간은 제각기 다를 뿐이다. 그중 홀든 콜필드는 전자에 속했고 우리는 그의 이야기에서 같이 공감하고 가슴을 치고 혀를 차며 웃음을 짓기도 한다. 집착에 가까운 그의 순수성 지키기는 잃어버린 유토피아를 찾는 몸부림처럼 처연하다.

우리 내면에도 콜필드는 다양하게 자리하고 있다고 본다. 교육이 순수성을 잃게 하는 원인인 것처럼 학교를 뛰쳐나오지만, 어리고 순수한 아이들의 파수꾼이 되리라 다짐하는 장면에서 이미 그 자신이 어른의 세계로의 귀속했음을 말해주기도 한다. 현실 비판적인 샐린저의 이런 설정은 당시 미국 사회에 커다란 충격을 던져줬다.

우리도 콜필드가 직시한 혼돈과 다를 바 없는 현실에 던져져 있다. 수동적이고 소극적인 어린 시절을 보내고 이는 자아형성의 시기에 우리는 부모님의 의지대로 만들어지기도 한다 특별한 자의식 없이 공부하고 대학을 가고 나이를 먹어간다. 순수의 세계에서 사회제도 속으로 편승하게 되면 자신의 능력과 사회적 요구 사이에서 간극이 극명해지고 때로 사회의 어두운 면만 직시한 채 방황에 빠지는 그런 레퍼토리, 주변에 수도 없이 봤을 것이다.

그러나 대부분의 우리는 거기서 끝나지 않는다. 마냥 순수하게만 봤던 세상에 낙심하는 데 그치지 않고 자신의 자리에서도 최선의 길을 택하며 나아가려 노력한다. 그리고 콜필드처럼 어린 가족, 후배, 친구들이 자신과 같은 처지가 되는 것을 막기 위해 파수꾼을 자처한다. 스스로에겐 혹독하게 대할지라도 가족과 후배들에게 있어서 온갖 설움과 고통을 인내하고 든든한 모습만 보여주는 아버지처럼 결국 사회제도 속에서 지켜내야 하는 것들로 고민한다.

하지만 삶은 시간을 잡아둘 수 없다. 정형화된 고대사박물관처럼 유리관 속에 보관가능한 것이 아닌 움직이는 생물인 까닭이다. 때문에 아이들은 태어나고 성장하면서 자연스레 어른들의 세계로 편입되곤 한다. 이런 원리로 보자면 책 속의 파수꾼의 역량이나 모습이 다소 부담스럽게 느껴질 수 있으나 사실 고개를 둘러보면 우리 주변에도 쉽게 찾아볼 수 있다.

교육적인 관점에서 『호밀밭의 파수꾼』은 무언가 실천적인 느낌이 든다. 70, 80년대 유명한 록밴드 'The Eagles'의 명곡 〈Desperado〉의 가사처럼 방황하는 친구를 위해 조언하는 것보다 오히려 그런 폐해를 몸소 보여준 사례니까.

결국, 우리 모두는 저마다의 가족, 후배 등을 등에 지고 묵묵하게 제 할 일을 해가는 수행자들이다. 콜필드처럼 어쩌면 우리의 모습에서 뒤따라오는 아이들이 시행착오를 겪지 않도록, 그 때문에 좌절하지 않도록 그들을 보호해주는 파수꾼이다.

그러므로 콜필드의 이야기는 모든 이가 어른이 되는 과정이고 수 갈래로 갈라지는 한 편의 이야기이다. 사춘기로 오는 방황은 청춘이 가진 특권 중 하나지만 어디에도 '영원한 청춘과 방황'은 시간의 유효함이 허락하지 않는다. 콜필드의 이야기는 아직도 호된 방황을 겪는 청춘들에게 그 끝을 알려주는 종鐘이 될 것이다. 자신의 방황이, 이야기가 미래의 청춘들에게 추락의 경계로부터 지켜주고 옳은 길로 이끄는 길잡이가 되었으니 말이다.

『왜 나는 너를 사랑하는가』

알랭 드 보통 저

사랑, 영원불멸의 테마

2015년의 성탄절도 지나갔고 사흘만 지나면 새해다. 군대에서 열심히 작업하고 내 어리숙함 탓에 선임들한테 털릴 때 사회에선 사랑하는 연인들이 손잡고 서로의 체온으로 언 몸을 녹일 것이다. 문득 내 신세가 초라해지고 사랑 한 번 못 해본 지난날의 빈 시간들이 겨울의 한기와 함께 뼈에 사무치게 서린다.

그러다 유명한 외국 작가의 이름과 함께 사랑이라는 테마의 책이 진중문고를 통해 부대에 들어왔다. '알랭 드 보통', 기억은 가물가물하지만 언젠가 JTBC뉴스에 나와서 인터뷰를 하는 것을 본 적이 있다. 더군다나 사랑의 통행에 대한 책이라니. 어쩌면 나 같은 숙맥들이 가장 먼저 읽어봐야 할 책일지도 모르겠다. 사람이 이성에게 끌리게 되는 신경회로의 화학작용을 과연 어떻게 묘사를 할 것인지 아니면 생물학 책처럼 전문적인 메커니즘을 재미없게 나열해 놓을지 궁금하다.

그리고 연애경험이 전무한 내가 그의 사랑에 공감을 할 수 있을까. 탈무드에서 죽음을 이기는 것이 사랑이라고 했던 다소 오글거리지만 감동적인 잠언이 있는 데는 다 이유가 있을 것이다.

사랑. 누군들 이 단어에 몸서리치는 전율을 느끼지 않겠는가. 영원한 인간의 화두이면서 영원불멸의 감정이 아닌가. 유행가 가사처럼 사랑 한번 못해본 사람은 바로 나를 두고 한 말 같다. 그동안 나는 사랑, 그거 별건가? 가벼이 여겼다. 밤하늘에 흔한 별들 같은 게 사랑이고, 언제든 운명처럼 벼락처럼 느닷없이 찾아오는 게 사랑이라 꿈꿨었다. 굳이 모태솔로 같은 신조어로 나를 규정하고 싶지 않았다.

이 책에서 알랭 드 보통은 자신에게는 특별하지만 남들에게는 그저 썰에 불과한 연애경험담을 철학적 주제로 전환시키고 다양한 시각에서 바라봤다. 첫 만남에서부터 헤어짐에 이르기까지 그의 입담과 무언가 학술적인 해석은 예상치 못했던 재미까지 잡아버렸다. 그의 화술에 빠져서 정말이지 1시간 넘게 집중해서 봤던 부분을 다시 읽고 돌아가고 했던 것 같다.

첫 만남의 확률과 자신이 반할 확률 사이에 손톱의 때만큼이나 희박한 가능성에서 피어난 사랑은 기적이었다. 우리는 때때로 그러한 신이 주신 아이러니에 나 혼자만의 운명을 느끼고 이성에게 완벽함을 보며 메시아적 신앙에 빠지기도 한다.

혹여나 그그녀에게서 불완전한 모습이 보이면 간혹 심술을 부리거나 현실을 부정하고 맹목적 믿음에 빠져들고 싶어 한다. 그리고 내가 사랑하는 연인의 모습은 플라톤의 수학적 수치황금비율에 근거하기보단 스탕달의 '행복의 약속'이라 불리는 추함의 아슬아슬한 경계를 넘나들기 때문에 아름답다고 생각한다.

작가의 표현력과 사고가 우선 경이롭다. 경험 없는 내게도 공감이 간다. 사랑하면서 자신의 정체성을 재확인하고 내가 왜 이 사람을 사랑하는가에 대해서 나름 공정하게 사랑한 순간부터 이미 공정한 판단은 물 건너갔지만 생각하는 과정이 괜스레 부럽고 궁금하다. 그리고 이러한 감정이 영원히 지속되길 바라고 희망을 품는다.

신파조 표현 같지만 누가 사랑은 영원하다고 그랬나. 자아는 끊임없이 다른 무언가에 영향을 받지만 연인에게는 어떤 규정된 형태를 취함으로써 아메바 같은 성질이 있다. 다만, 주입된 물질이 사랑인가 미움인가에 따라서 성질이 쉽게 변하지만 말이다.

사랑의 행위 중 연인의 전에 없던 행동이 나를 비참하게 만들고 구차하게 만들기도 한다. 때때로 그 그녀의 사랑을 얻기 위해 막무가내 테러리즘에 빠지기도 하고 사랑의 관계를 도덕률에 집어넣어 선악을 구분 짓기도 한다.

헤어짐도 소란스럽기는 마찬가지다. 자기부정과 고통을 잊기 위해 떠나간 상대를 부정하고 인생의 지혜나 깨달음으로 환원시켜 안도를 얻는다. 때로 그 과정에서 자살 소동이나 인생의 낙오자 같은 모습으로 주변인에게 걱정을 선사하지만. 우리 주변에서도 흔히 일어나는 헤어지지 못하는 여자, 떠나가지 못하는 남자들의 뻔한 스토리다. 사랑에 익숙한 선남선녀들에게 보내는 질투 어린 표현임을 찌질하지만 밝혀둔다.

하지만 사랑은 그렇기에 더욱 절절하고 공감된다. TV나 인터넷 등 간접경험으로도 가끔 눈물샘을 자극받는 나로서는 작가의 헤어짐까지의 과정이 다소 코믹이었지만 읽고 나서는 이런 생각이 들었다. '그래도 한 번 사랑을 해보고 싶다'. 나 자신에게도 감탄할 만큼 얼마나 순수한 갈망인가. 이 부분에서 웃음이 날 수도 있겠지만 누군가 때문에 아프고 행복한 것이 사랑 아닌가.

사랑하는 사람들은 한 번쯤은 이런 생각을 한다고 한다. '이 모든 것이 한순간에 끝나 버리는 게 아닐까.' 인과 없는 행복에 불안해하고 연인과의 추억을 기억으로 바꿔서 복잡미묘했던 전체를 이를테면 '행복' 같은 한 단어로 규정하고 싶어 한다.

그러나 인간은 어떤 순간에도 살아남는 끈질긴 종 아닌가. 사랑의 시효가 끝나 헤어질 때면 아메바처럼 모습을 다시 바꾸기도 한다. 우리는 사랑을 실존적으로, 금욕적으로 외면할 수도 있지만 신의 아이러니로부터 도망칠 수는 없고 거목처럼 확고하게 버틸 수도 없다. 결국 자신의 본능에 굴복하고 또다시 새로운 사랑을 찾아 문을 두드린다.

봉창 두드리는 소리일지는 모르겠지만 내게 있어 군대도 같은 개념으로 생각하면 편하다. 잠시 이렇게 고되게 훈련받고 작업하고 열심히 생활하다 보면 언젠가 이 시간은 하나로 응집돼 한 단어로 규정할 수 있는 날이 올 거라고 정리한다. 하루는 편하고 즐겁고, 하루는 아프고 힘든 날이 있겠지만 그러한 날들의 전체가 나의 삶의 흐름을 바꿔놓는 계기가 될 것이라고 믿으며.

3장 | 용기란 두려움, 무모함,
그런 내 모습까지도 떠안고
맞서는 것

· 공수훈련

이 시기에 읽은 책 중에서
_____

『스크라테스의 변명·크리톤·파이톤·향연』 — 플라톤
『홀로사는 즐거움』 — 법정
『젊은 베르테르의 슬픔』 — 괴테
『위대한 개츠비』 — 스콧 피츠제럴드

공수훈련

2016년, 새해를 맞이했지만 계급은 여전히 일병이다. 온갖 잡일을 도맡아 하는 이른바 일하는병兵 생활을 하고 있을 무렵 본부중대에서 작전병을 모집한다는 공고가 내려왔다. 흥미가 돋아 번쩍 손을 들었다. 덕분에 며칠 만에 새로운 중대, 새로운 생활실에 꽃봉과 함께 우두커니 서있는 신세가 되었다. 지원자가 나밖에 없었던 까닭이다.

군대 내 참모직이라 함은 인사, 정보, 작전, 군수를 말하는데 줄여서 인정작군. 이 같은 영광스러운 4가지 임무 중 하나를 맡게 되었으니 이제 나의 목표를 향한 노력이 조금 더 수월해지리라. 전에 생활했던 동기들과는 가볍게 인사를 나눴다. 겨우 1층과 3층 차이니 뜨거운 안녕은 어울리지 않았다. 앞으로의 시간은 장밋빛으로 점철돼있을 거라고 믿었지만 돌이켜보면 당시의 내가 미처 간과한 사실이 있었다.

나는 아직 바람 한 줌에도 위태롭게 후달리는 일병이라는 것.

누구보다 먼저 뛰고 나서서 해야 하는 짬인데 너무 자기계발에만 빠져있었던 나는 선임들의 관심을 그게 좋든 나쁘든 피해갈 수 없었다. 보다 노골적으로 행동하는 나의 존재는 선임들에겐 목구멍에 걸린 생선 가시처럼 찝찝한 걸림돌이었으리라. 내가 그들의 이기적이고 자기중심적인 면모에 실망했다면 그들은 나의 독단적이고 예측불허의 모습에 골머리를 썩었다. 그 속에서도 DNA가 생명이나 활동을 잉태하기 위해 염기 서열을 맞춰가듯 우리는 서로에게 뾰족한 부분들을 잘라내고 붙여가며 나름의 질긴 인연을 계속하고 있었다.

확실히 작전병의 과업은 일반 보병들과는 달랐다. 그들이 병기를 휘두를 때 나는 종이를 매만졌고, 그들이 병기의 제원이나 사수의 임무를 암기하려 골똘할 때 나는 어떻게 하면 상관에게 올릴 보고서가 단정할지 칼질과 풀질을 반복했다. 간간이 보병들은 자기들끼리 우리 같은 특과병은 '하는 게 없네.', '매일 빈둥빈둥 놀고 있네.' 하는 비난들로 쑥덕거렸는데 이해 못 할 것도 없었다.

우리 특과병들도 우리만의 고충이 있다고 들이대봤자 각자의 아픔이 더 커 보이는 것은 당연지사니까 인정하고 넘어가는 개념이랄까. 어쩌다 만나는 예전 중대 사람들은 비아냥 반 부러움 반으로 빙글대며 애매한 말들로 꼬집었는데 옛 동료에 대한 남자들만의 애정 표현쯤으로 받아들였다.

하지만 신체적으로 덜 힘들다는 게 결코 좋은 것만은 아니었다. 짬짬이 남아있는 시간에 나는 맹렬하게 책을 읽어댔다. 그 시간을 잡스런 생각이나 TV시청으로 보내고 싶지 않았다. 한편으로는 은근슬쩍 고민이 되기도 했다. 책상 앞에 앉아 있는 시간이 길어질수록 행여나 있을 훈련이나 정신력에서 뒤처지지는 않을까 하는 점이었다. 기회가 되면 아직 날렵한 내 체력을 보여주고 싶은 욕심이 마음 한구석에 자리했다. 기회는 곧 찾아왔다.

우리 부대가 무슨 부대인가. 훈련의 강도가 쎈 공수부대다. 공수부대 배치는 내 의지가 아니었지만 애초에 해병대를 선택했다는 것은 어떤 장애도 이겨낸다는 뜻을 내포한 거니까 내가 선택한 것이나 다름없다. 어른은 자신이 선택한 것에 대해 책임을 지는 것이고 선택하지 않은 것도 선택이라고 하였다. 그러니 11m 모형탑 위에 발을 내밀고 위태롭게 서있는 것은 분명 절반의 내 의지인 셈이다. 이 모형탑에서 열네 번을 뛰어서 네 번을 합격해야 한다는데 귀찮아서라도 단번에 합격하리라. 안 그래도 체력이 모자라 좌에서 우로 뺑이를 시키면 계속 뒤처지는 나지만 여기서는 해내 보이고 싶었다.

허공을 가르며 뛰었다. 상체는 숙이고 다리는 90도, 팔은 예비 낙하산을 움켜잡은 채 눈은 부릅! 찰나의 추락감에 뒤통수와 척추에 알싸함이 맴돌았고 내 입은 배운 대로 '일만~이만~산개검사~' 수셈과 동작구호를 힘차게 외쳤다. 나의 몸부림이 훈련교관들에게도 전해졌는지 단 네 번에 합격이었다. 타 중대, 본부중대 선임들은 죄다 놀란 눈치다. 몸도 육중하고 어리바리하게 생긴 놈이 무섭지 않았냐고, 어디서 그런 용기가 났냐고, 대단하다고 호의 어린 말들을 건네준다.

사실 지금 생각해도 특별한 방법 같은 것은 없다. 그저 몸은 배운 대로, 정신은 용기를 갖고 뛰는 것이다. 용기는 무서워하지 않거나 무식하게 달려드는 것이 아니었다. 위축된 근육과 떨리는 다리를 애써 붙잡고 겁먹은 내 모습까지 모두 떠안고 맞서는 것이 용기였고 깡이었다.

공수 3주차에 자격강하 1,500피트에서도 멋지게 뛰어내렸고 가슴에는 '대한민국 해병대' 패치 위에 공수마크도 달았다. 공수교육을 수료하고 나서 이은 6박 7일 쌍룡훈련도 기동과 야영을 반복해가며 어떻게든 버텨냈다.

드디어 첫 휴가. 갓 일병을 달면 가는 것이 위로휴가라지만 훈련 때문에 밀리고 선임들 휴가계획을 배려해서 미루었다가 일병 4호봉이 돼서야 차례가 왔다. 출타 3일 전부터 설렘에 밤을 설쳤다.

휴가 날의 그 아침 단상을 아직도 잊을 수 없다. 전날과는 다른 세상이었다. 나무 틈 사이로 비추는 햇빛은 아직 마르지 않은 이슬에 반사돼 근사하게 반짝였고 하늘은 그때만큼 평화로웠던 적이 없었다. 어떻게 아침을 먹었는지, 그저 공중에 붕 떠서 걸어 다녔던 감각과 짐을 싸는 떨리는 내 손이 기억날 뿐이다. 1사단 서문에서 정문까지 열 걸음 정도 거리를, 나는 가능하면 최고의 느린 속도로 걸어 나왔다. 그 짜릿한 쾌감과 몸에 감기는 감격을 온몸으로 느끼고 싶었다.

오랜만에 보는 부모님의 얼굴은 기억 속의 모습과 달라진 점은 없는지 샅샅이 살폈고 부모님은 역으로 내가 어디 다친 데는 없는지 얼굴과 몸을 이리저리 훑어보셨다. 유교에서는 아침에 일어나 부모님께 간밤 중에 어디 아프신 데는 없었는지 살펴보는 게 도리라는데 정말이지 군대가 없던 효자를 만드는 데에 일가견이 있는 듯하다.

훈단을 거쳐 이병, 일병까지 짧은 기간이었지만 틈틈이 책을 읽고 썼던 짧은 감상평을 부모님께 보여드렸다. 어린애는 아니지만 그 날만큼은 나의 노력을 칭찬받고 싶었고 인정받고 싶었다. 남들과 비교하면 보잘것없어 보이는 성과에도 웃어주고 엄지를 치켜세워주는 부모님이 좋았고 행복했다. 게임이나 친구, 여러 외부적인 것들과의 교류에서 얻는 풍족과는 다른 풍만함이 마음속 깊이 들어찼다.

관계, 생활, 훈련 등 나의 의식에 쇠사슬마냥 엮여있는 요소들에게 알게 모르게 받아왔던 스트레스들이 깃털처럼 가벼워진다. 아직 군생활은 절반도 지나지 않았지만 앞으로의 시간들을 이처럼 힐링 받으며 나아간다면 그리 고통스럽진 않을 것 같은 느낌에 마음이 편해진다. 이내 나른하고 푸근한 소파에 몸을 묻고 잠이 들었다.

해병대에선 위로휴가를 다른 말로 4.5초라고 부른다. 첫 4박 5일이 그렇게 짧게 다가온다는 의미다. 나는 다행히도 1박 2일 포상을 붙여서 6박 7일의 휴가를 즐길 수 있었다. 짧지도, 그렇다고 길지도 않은 시간이었다. 친구, 가족들과 함께하는 시간은 달콤했지만 하루가 넘어갈수록 마음속이 타들어가는 것을 느낀다. 고교 후배와 밤늦게 술을 마시고 피곤한 몸과 애타는 마음으로 소파에 잠시 누워 잠이 들었다. 내일이면 복귀다.

해병대 1사단 포항시 오천읍 서문사거리. 계속 직진을 한다면 1사단 서문을 지키고 있는 위병소와 헌병들을 볼 수 있을 것이다. 가슴은 다시 뛰고 착잡한 마음에 서문과 사거리를 왔다 갔다 반복한다. 언젠가 다시 휴가로 나오겠지만 기약할 수 없는 미래였고 지금의 이 시간이 너무 고통스러웠다. 이 유혹을 견디지 못하면 탈영도 하게 되리라. 하지만 내가 누군가. 나는 자랑스런 대한민국 해병대, 무서울 게 없는 일병 아닌가. 서문과 사회와의 거리는 이제 열 걸음. 한발 한발 가슴이 떨어져 나가는 고통을 껴안고 나는 다시 일상, 대한민국 군인으로 복귀한다.

"불가능을 모르는 전천후 해병"

『소크라테스의 변명, 크리톤, 파이톤, 향연』

플라톤 저

머리로 가슴으로 이해하는 철학

일주일 전에 본부중대에서 작전병을 모집해서 지원해 봤다. 결과는 모르지만 긍정적인 흐름에 내심 기뻤다. 평소 읽고 싶은 책이 있으면 3~4권씩 골라서 관물함에 박아놓고 읽는 편인데, 결과가 나오기 전까지 내가 고른 책들은 다 읽어볼 계획이다.

대대 도서관에 플라톤과 소크라테스의 회고록들은 누구의 손때도 타지 않았는지 반들반들했고 같은 책 수십 권이 책꽂이 한 칸을 차지하고 있었다. 제일 상태가 양호해 보이는 것을 집어 때가 되면 읽겠다는 마음으로 묵혀놨던 게 4~5일 전인데 어느새 차례가 왔다.

'소크라테스'나 '플라톤' 하면 순수철학의 이미지가 떠오를 것이다. 그리고 고등학교 때부터 이과였던 나와는 다소 거리가 있는 분야가 도덕, 윤리, 철학 분야다. 이 시간에 스토아학파니 계몽주의니 했던 것이 드문드문 기억이 난다.

무슨 계보를 따지는 것도 아닌 것이 복잡하고 의미 없어 보여 공부를 안 했더니 도덕·윤리 과목이 9등급이 나왔다. 이는 분명 내 인성과는 별개의 일이다. 나의 교우들이 공부를 열심히 했을 뿐더러 한 학급이 20명밖에 안 돼 성적 나눌 인원도 없었다. 무엇보다 나는 이과였으니까… 라고 변명하며 살고 있다. 남이 보면 충분히 오해할 만한 전과를 남겨버린 내가 지금 할 수 있는 거라곤 조금이나마 무지에서 벗어나는 것밖에 없어 보였다. 잠시 한눈팔면 이해할 수 없는 분야이니 각별히 집중하고 읽어야겠다.

이야기는 소크라테스가 사형을 받고 법정에서 변호하는 데서 시작해 감옥 안에서 나눈 대화, 사형 확정 후 지인들과의 대화, 그리고 파티에서 나눈 사랑에 대한 담화를 플라톤이 기억하는 것으로 순서가 이어진다.

소크라테스의 변명에서 '무지의 지知'는 내게 겸허와 끊임없는 배움의 중요성을 일깨우게 하는 연설이었다. 크리톤에서는 영혼 불멸에 대한 이야기가 나오는데 불교의 육도윤회나 여타 종교의 내세사상이나 양자물리학의 느낌이 풍겨 흥미로웠다. 소크라테스를 예외로 제쳐 둔다면 나라와 법의 기강이 무너진다는 말에 안타깝지만 일리가 있었다. 어찌 보면 '최순실 사태' 같은 사건들을 막기 위한 개인과 국가 간의 관계이기도 하다.

향연에서는 사랑의 본질과 가변적인 성질을 헤아리려 했고 중간에 동성애의 언급으로 약간의 몰이해를 가져왔지만 소크라테스의 인격이 드러나는 부분이었다. 파이톤에선 이데아와 삶과 죽음 등 상극에 대한 이론은 어려웠지만 그런대로 이해가 갔다.

이 모든 걸 '분석적인' 관점에서 인간의 가치들을 설명하려 드는 것이 동양철학과의 구분되는 특징이었다. 동양철학이 정리한 달리 보면 약간의 허구도 끼어있는 성실함, 인과 등의 도를 서양철학은 무지의 知나 이데아의 양면성으로 파악하려 했다. 대륙과 문화는 달라도 인간의 근본적인 공통사는 같다는 말이 새삼 실감이 났다.

그러나 내 머릿속에 연역적 추론과 귀납적 추론의 해석의 대립이 책을 이해하는 데 어려움을 가져오는 결과를 낳았다. 정치와 문화에는 특정한 잣대를 들이미는 게 아니라던데 그래도 시비를 가리면 정리가 편하니 쉬운 방법을 찾아보자. 뭐가 맞고 틀리거나 다른 걸까?

파이톤에서 답을 찾은 것 같다. 제일 난해했던 부분이 전체를 이해하고 생각의 대립을 종식시켜줄 마스터키였다. 삶과 죽음의 딜레마와 이데아의 개입을 나는 이렇게 이해했다. 실체적인 개념들을 삶과 죽음으로 일반화해서 나누어 볼 때, 상극의 성질인 각각의 이데아가 서로 맞물리며 순환하는 룰렛개념으로 삶과 죽음의 연속성과 불멸을 이해한다.

영화 〈콘스탄틴〉에서 존 콘스탄틴은 천국과 지옥은 우리 옆에 존재한다고 말한다. 쉽게 보면 이는 손바닥 양면이 서로 다르지만 하나라는 뜻으로 해석된다. 나의 고뇌도 마찬가지다. 굳이 동양과 서양의 방식이 연역이냐 귀납이냐 할 것 없이 있는 그대로 받아들이고 각각의 이데아를 펼치고 자리를 넓혀가는 것. 이것이 표현이 다른 철학을 수용하는 방법이 아닐까.

삶과 죽음이 순환하며 불멸을 말하듯 철학도 머리로 이해할 수 없는 부분은 가슴으로, 가슴으로 이해할 수 없는 부분은 머리로 이해하는 것을 반복하며 말이다. 결국 자신이 모르거나 편견을 가진 채 넘겨버린 개념들을 곱씹어보는 게 내 안의 대립을 끝낼 방법이었다.

우리가 모르는 게 더 많다고 깨닫는 순간 무한한 발전의 가능성이 펼쳐져 있다고 말했듯이 진정한 '나'를 알아가는 과정은 다른 앎보다 더욱 숭고하고 중요하니까. 소크라테스의 가장 유명한 명언인 '너 자신을 알라'가 어쩌면 이 과정을 내포하고 있는 게 아닐까 싶다.

어렵거나 이해도가 높아 많은 생각을 필요로 하는 책들은 항상 긴장감과 호기심을 불러온다. 적당한 긴장과 호기심은 내 지적 허영심을 채워줄 적절한 장치로 보여 도를 넘지 않는 선에서 나는 이를 즐겨볼 참이다.

야심차게도 나는 군대에서 만나는 책들을 다양한 분야로 넓혀가고 싶다. 소설은 청소년일 때 심심풀이로 읽었었지만 다른 분야는 많이 접해보지 못했다. 어려워서라기보다는 그냥 관심이 없었다. 학교 공부와 시험 준비하는 것도 벅찬 나날이었기에 인문학이나 고전, 철학 같은 미지의 세계를 맛볼 수 있는 기회는 거의 없었다. 그런데 군대 와서 철학, 과학, 에세이 등 다양한 책들을 읽다 보니 확실히 생각의 폭이 넓어졌다는 느낌도 들어 가끔 스스로 벅차 감동하곤 한다.

물론 누가 보면 소크라테스의 철학에 대한 나의 이해가 수박 겉핥기식이고 심층분석에 들어가면 채 반도 가지 못해 낙오할 위인의 주제넘은 도전이라고 볼 수 있겠다. 그래도 한 번은 읽어 보고 어쭙잖은 글솜씨로 이렇게 기록을 남겨보는 것도 나름 괜찮은 방법 아닌가. 소크라테스가 말한 내 자신을 알아가는 과정으로 보면 이는 무모한 도전만은 아닌 것 같다. 군대에서 여러 과업들을 제외하면 있는 것도 시간이고 다 쓰고 남는 것도 시간이니 20대 청년의 성장과정으로 제격이다.

김치와 된장은 담궈 바로 먹으면 생각했던 감칠맛이 나지 않는다. 묵히고 삭히고 발효시켜야 제맛이 우러나오는 것처럼 우리들도 지금의 생각이 비록 조금 엇나가거나 잘못 이해했더라도 숙성을 거쳐 어떤 사고를 가져오게 될지는 아무도 모를 일이다. 포부가 있다면 획일적이고 보편적인 어른으로 진입하기보다는 나만의 개성을 갖는 가치관이 뚜렷한 어른이 되고 싶다.

『홀로 사는 즐거움』
법정 저

스스로 깨어 있으라, 그리고 실천하라

평소 종교에 의존하며 사는 건 아니지만 그렇다고 종교를 무조건 배척하는 것도 아니다. 김수환 추기경이나 법정 스님같이 성인으로 추앙받는 분들의 사고를 들여다볼 수 있는 책을 한 번쯤은 읽어봐야겠다고 다짐만 한 채 살아온 시간이었다. 그런데 뜻밖에도 여기서 그분들의 책을 보게 될 줄이야. 독서환경이 조성돼 있는 군대가 그저 감사할 따름이다.

법정 스님은 2010년 입적하기 전에도 무소유나 청빈이란 화두로 가르침을 주셨던 분인데 사실 지금까지도 나는 자세히 알지는 못했고 우리나라 큰스님 정도로 인식하고 있었다. 입적하고 난 뒤에는 도리어 생전에 했던 가르침이 더 화제가 되었는데 당시에도 귀로 듣고 고개만 끄덕인 채 알려는 시도조차 하지 않았었다.

『홀로 사는 즐거움』을 만났다. 책이 출판될 때는 2004년이다. 하지만 혼밥, 혼술이 늘어나는 추세인 요즘 시대의 정서와 어느 정도 맞물리는 주제이니 읽어두면 나중에 도움이 되지 않을까 싶다. 법정 스님이 말하는 '홀로'와 우리가 말하는 '홀로'는 성격이 다르지만 인간은 결국 무소의 뿔처럼 혼자 가야 한다는 데 동의한다.

사회는 공동체이고 인간은 사회적인 동물이라지만 저녁시간이 되면 뿔뿔이 흩어져 자신만의 사회에서 하루를 마치는 게 현대적인 삶이다. 그런 사회생활에서 적응하지 못해 각종 신경질환에 시달려 괴로워하는 것 또한 현대인의 단면이다. 그렇다면 법정 스님의 홀로서기는 21세기의 청년들에게 어떤 위로를 전할까.

홀로 사는 건 고립이 아니다. 정신이 꼿꼿이 서서 자신의 마음을 열어두는 독립이지, 타인과의 관계를 닫아버리는 심리적 행동적 고립상태는 아닌 것이다. 문명은 갈수록 혼자서도 생존할 수 있도록 발전을 하지만 결국 인간 두뇌를 앞서는 AI의 발전에도 불구하고 사회적인 동물이라는 결론에 주목해야 한다.

인간은 혼자 있을 때 비로소 맑아진 내면의 소리를 들을 수 있다. 우리들의 오감을 거쳐 들어오는 모든 순간들은 내 영혼의 업카르마이 되고 쌓여 생각을 이루고 개념을 형성해 행동으로 이어진다고 한다. 이러한 성찰은 우리는 과연 무엇 때문에 살고 있고 삶의 궁극적 목적은 어디에 있는지를 편안하고 꾸밈없이 펼쳐 보인다.

그러나 책이 출판될 당시보다 13년이나 흐른 지금 첨단산업의 발전은 정신을 끊임없이 자극하는 기술을 양산해냈고 관계의 무분별한 확산은 우리를 더욱 불안하게 만들었다. 아침부터 저녁까지 온갖 자극으로부터 우리는 자유로울 수 없고 사물이든 사람이든 관계를 맺지 않고는 버티기 힘들어졌다. 홀로서기는 결국 외면적으로는 함께 살아가기를 강조한 반어법으로 읽혔다. 스님의 메시지는 마음은 더없이 청정하게 자신을 놓지 않고 깨어 있으라는 의미지만.

우리는 그저 외로움도 이겨내고 부정적인 카르마도 피하면서 평범하게 살고 싶을 뿐인데 막상 현실과 부딪히자니 카르마와의 충돌은 불가피해 보인다. 성공도 하고 싶고 건강한 관계도 맺으면서 지금의 순수함을 유지하고, 혹은 더욱 발전된 자신을 가지고 싶어하는 게 우리다.

과욕일까, 법정 스님은 이러한 바람을 이루기에 앞서 먼저 갖춰야 할 태도를 말한다.

절제. 생활면이 아니라 모든 분야에 있어서 절제가 필요하다. 진정 스스로에게 필요한 것들만 부분 수용하고 나머지 것들은 미련과 함께 과감히 버리거나 스쳐 지나가게 두는 것이다. 살짝 청빈의 뉘앙스를 더하자면 적게 보고, 적게 듣고 말하고 맛 봐라 정도다. 무소유는 아무것도 가지지 않는 게 아니라 필요한 것은 갖추되 그 이상의 것을 탐하지 말라는 의미다.

종국에는 나를 스쳐 간 모든 인연이 나를 세우고 구성케 한다

는 데 동의하지만, 더 깊은 뜻을 알고 싶어 이것저것 명상이라든
지 철학서적 같은 것을 뒤적여 봤다. 하나와 전체는 분리된 개념
이 아니며 나와 분리된 사물과 사람들이 나의 연장^{연기법}이라 생
각하고 대해야 한다. 우리가 원하는 건 모두 자신에게 있으니 넓
게 보면 인과적 문제의 해답은 내 안에서 찾을 수 있는 것이다.

가볍게 읽어내리라 여겼던 책을 들고 며칠간 그 의미를 헤아리
기 위해 짧은 시간 명상에도 잠겨보고 나름 해답을 찾기 위해 머
리를 쥐어짰다. 그 며칠은 도의 세계에 뛰어든 수행자의 마음으
로 보냈다.

간혹 이 모든 철학적^{불교적} 원리를 종교적 굴레를 씌워 해석하
려는 사람들을 만날 수 있다. 말로만 하는 설법은 누군들 못하겠
는가. 하지만 철저하게 청빈하게 혹독하게 자신을 가다듬으며 직
접 실천으로 지혜를 깨달은 법정 스님에게 경외감이 든다. 성인이
나 큰 어른을 직접 볼 수는 없지만 그들과 함께 호흡하고 동조하
며 동시대를 사는 것 같은 착각은 책을 읽어야 하는 당위성을 설
명하고도 남는다. 책을 통한 공부는 이런 부분에서 더할 수 없는
매력이다.

삶의 각도를 돌려보자. 세상살이가 외롭고 힘들다고 한탄하면
몇몇 근엄한 어른들은 경험에서 우러나오는 조언들을 해주곤 한
다. 이럴 경우 우리는 속칭 '꼰대'의 잔소리쯤으로 치부해 받아들
이지 않으니 괜히 틱낫한 Thich Nhat Hanh, 釋一行 스님이 내 안의 아
이를 다스려야 진정한 innerpeace가 온다고 말했겠는가. 절제와

더불어 스스로에게도 너그러운 잣대와 시선이 필요하다.

사랑, 자비, 성실, 믿음, 정의와 같은 가르침은 시대 정서를 막론하고 인간성의 지평을 그어주는 개념이었고 앞으로도 그러할 것이다. 마음공부의 수양이 높은 사람들, 이를테면 김수환 추기경, 법정 스님, 마더 테레사, 틱낫한 스님 같은 분들은 형태만 달랐지 맥락은 동일하다. 뒤집어 생각하면 우리들도 사회 구조에 따라 형태만 달랐지 취업, 결혼이나 내적문제 같은 공통사로 고민할 때 이분들의 삶의 궤적은 좋은 교과서가 된다.

다만 민주주의나 자본주의 등 신문물의 확산으로 이제는 마음만 먹으면 노력 여하에 따라 극복할 수 있는 문제들도 젊은 베르테르처럼 끙끙 앓는 게 사회문제가 되고 있다. 만약 나의 관계가, 생활이, 자리가 나를 옥죄어 온다면 법정 스님의 가르침을 떠올려 보는 것이다. 자신의 투박한 태도와 말투 그리고 손길이 주변에게 어떤 영향을 끼쳤을지, 혹여나 내가 놓친 것들이 있는지 곱씹어보면서 말이다. 평범한 20대 청년이 세계적인 SNS 기업 CEO가 될 수 있었던 것도, 이민자 출신 소년 노동자가 강철왕이 될 수 있었던 것도 작은 마음의 변화에서 시작됐다는 것을 우리는 잊지 말아야 한다.

『젊은 베르테르의 슬픔』

괴테 저

강렬한 사랑, 서글픈 현실

괴테 하면 떠오르는 작품이 『파우스트』다. 명작인지라 매번 같
은 내용, 새로운 표지, 다른 출판사의 이름으로 나오는 것을 본
적이 있다. 그러나 대대 도서관 한 귀퉁이에 꽂혀 있는 『젊은 베
르테르의 슬픔』은 낡은 표지와 헌 종이냄새가 오래전에 출판된
작품임을 대변하듯 그 모양새가 처량하다. 중학교 때 읽어본 적
이 있는 것 같은데 단 한 줄도 기억이 나지 않는다. 기왕 이렇게
되었으니 다시 읽어보는 것도 나쁘지 않을 것 같다.

사실 서양 고전에 대한 감정은 그리 호의적이지 않다. 우리나라
고전은 평소 사극을 통해 많이 접해본지라 전혀 어색하지 않았지
만, 서양 고전은 절절한 표현에 버터를 끼얹은 듯한 느끼함이 부
담스럽게 작용해 자연스레 관심사에서 멀어지게 되었다.

물론 셰익스피어의 작품들은 가끔 탄성을 머금게 하는 표현들과 워낙에 널리 알려진 대중성 때문에 예외로 쳐도 나머지 고전들은 내 정서와 어울리진 않았던 것 같다. 과거 『차라투스트라는 이렇게 말했다』를 읽을 때도 내용의 어려움도 한몫했지만 적응하기 힘든 어조와 표현에서 거부감을 느끼고 책을 닫아버린 기억이 있으니까.

내용은 대부분 편지와 일기 형식으로 진행된다. 마치 O.헨리의 『마지막 잎새』의 비극처럼 짝사랑에 빠진 주인공이 고뇌의 끝을 달리다 이내 죽음으로 비극적인 사랑의 정점을 찍는 결말이다. 편지가 오가는 과정 속에 폐쇄적인 귀족사회에 대한 비판과 자연의 아름다움에 대한 예찬은 집중을 환기함과 동시에 뻔한 결말을 뻔하지 않게끔 만들었다.

드라마 〈사랑과 전쟁〉에 나올법한 이야기였지만 어쩌면 당시의 젊은이들에겐 낡은 체제에 비판의지를 느끼기에는 더할 나위 없는 큰 센세이션이었을 것이다. 요즘엔 사랑고백도 냇물에 돌 던져보듯이 짤막하게 '우리 사귈까?'라고 말하는 시대에 18세기의 정열이 우리를 다소 무안하게 만들 수도 있다.

하지만 이러한 정열이 오히려 베르테르의 사랑을 순수하게 받아들일 수 있는 중요한 포인트가 될 것이다. 약간 싸이코같은 감상일지 모르지만 이루어질 수 없는, 해서는 안 될 사랑을 하고 죄책감에 시달려 스스로를 파괴해가며 본능과 이성 간의 팽팽한 싸움을 지켜보는 게 무척 짜릿했다. 사랑을 아직 해보지 않은 나로서는 희귀한 감정이었으니까.

나는 사랑은 항상 좋은 것이고 행복 중의 행복이라 당연하게 여기며 살아왔는데 비록 소설이라 하지만 만물에 해당하는 법칙은 아닌가 보다. 사랑은 아름다움과 동시에 고통과 슬픔도 함께한다는 의미다. 이 책은 그 절절한 사랑과 고통에 대해, 한순간에 빠져버린 여인에 대한 이루어질 수 없는 사랑은 괴테 자신의 사랑을 그렸다고도 한다.

베르테르의 사랑에 비추어 현실에서 사랑의 속성을 생각해 본다. 대체적으로 그렇고 그런 스토리 전개와 결말로 가는 수순은 늘 뻔한 결론을 내리게 만드는데 가령, 서로 사랑하는 사이라도 시간이 흘러 타오르는 열정이 식거나 속속들이 상대방을 알고 난 뒤에는 작은 일에도 대립이 잦아진다. 그만큼 서로를 깊이 알아갈수록 질투와 오해, 고통과 아쉬움이 사랑에 뒤섞여진다는 말인데, 그래서 그런지 오래된 부부일수록 다툼이 잦은 걸 볼 수 있다. 아마도 애증이 뒤섞인 삶의 다른 형태일 수도 있는 사랑에는 왕초보인 나의 일방적 시각임을 밝혀둔다.

그럼에도 오랜 세월 함께 살아온 부부들을 보면 우리는 종종 그들에게 아름답다는 표현을 쓴다. 청춘들처럼 뜨겁고 열렬하게 사랑하기보다 자세히 보면 서로 무심한 듯한 그들을 보면서 말이다. 아마도 사랑이 아름다움으로 승화되기 위해선 몇몇 필수불가결한 요소들이 더해져야 하나보다. 그것은 우리가 인내하거나 가슴에 품어야 할 가치들인 고통, 질투, 섭섭함, 절망 등의 승화일 것이다.

누구는 베르테르의 고뇌의 감정이 결코 옳은 것이 아니라고 말하겠지만 우리는 베르테르가 사랑과 아름다움 사이의 간격을 절실히 표현했다는 점을 주목해야 한다. 그것은 시대가 변하더라도 우리가 사랑을 이어가기 위해선 거쳐야 할 과정이고 마땅히 인내하며 배워야 할 공부이기 때문이다.

붓다는 삶은 고해苦海라고 했다. 마냥 행복할 줄만 알았던 사랑에도 고통이 따르는 걸 보니 아마도 붓다는 이러한 가치들의 양면성에 중점을 두고 항상 경계하란 뜻으로 한 말이 아닐까 싶다. 달리 보면 '사랑과 전쟁 ver. 로미오와 줄리엣' 같은 이야기가 내게 이토록 많은 영감을 주게 될지는 생각 못 했다. 단지 짝사랑을 하는 한 남자의 시록이 나의 인생 전체의 사랑을 고민하게 만드니 역시 고전은 고전인가 보다.

어쩌면 나는 그의 슬픔을 반도 이해 못 했을 수도 있다. 22년 살면서 연애 한 번 못 해본 나로선 베르테르의 슬픔을 이해한다고 고개를 주억거리는 게 내가 보기에도 어불성설 같다. 게다가 이를 어쩌나. 전역은 아직도 15개월이나 남았으니 적어도 20대 초반엔 사랑은 어림없을 테고 나중에야 느껴볼 슬픔 같은데 한편으로는 살짝 민망하기도 하다. 사랑으로 인해 시련을 당하거나 괴로워할 때쯤 돼야 그의 슬픔을 온전히 이해하게 될까. 가슴으로 하는 이해와 머리로 하는 이해는 하늘과 땅 만큼이나 큰 괴리가 있음이 서글프기만 하다.

『위대한 개츠비』
스콧 피츠제럴드 저

개츠비처럼, 개츠비같이

3주간의 공수훈련을 하는 동안 과업이 끝나고 밤이 되면 피곤한 몸을 이끌고 독서실로 향했다. 독서에 재미를 붙이기도 했지만 무엇보다 이대로 버리는 시간이 아까워 뭐라도 해야 한다는 강박이 나를 옥죄었다. 30분이라도 좋으니 스스로 생산적인 활동을 하고 싶었고 『위대한 개츠비』는 나의 갈증을 해소시키는 데 충분한 매력이 있는 책이었다.

영화로도 알려졌는데 디카프리오의 표정 몇 컷과 띄엄띄엄 봐서 그런지 어느 화려한 장면밖에 기억이 나지 않는다. 그러나 피츠제럴드에 대한 기억은 강렬했다. 무라카미 하루키 소설 어딘가에 피츠제럴드와 헤밍웨이의 작품성에 대해 토론했던 부분을 읽은 기억이 있어선지 그에 대한 궁금증이 가슴속에 강하게 묻었던 것 같다.

그렇게 언젠가 피츠제럴드의 작품을 읽어봐야겠다고 마음먹은 기억이 희미하게 일렁이며 사라질 때쯤 책을 보자 점점 분명해지며 내게 다가왔다. 영화에서는 사교계의 큰손이며 신비롭지만 어떠한 비밀을 숨기고 있는 듯한 개츠비, 글 속에서는 과연 어떻게 표현이 될지 궁금하다.

개츠비는 인간성을 제쳐놓고라도 꿈을 향해 필사적으로 달려온 인간이다. 오로지 성공을 위해 가족도 등한시한 채 부를 갈구하며 밤마다 상상에 젖었고 '제이 개츠비'라는 껍데기에 자본주의의 욕망으로 가득 채운 것이 오늘날의 '제임스 개츠'의 삶이었다. 그러나 다소 불순해 보이지만 순수한 열망으로 뭉쳐진 그의 내면을 역겹다거나 시대착오적이라고 손가락질하기엔 짚고 넘어가야 할 부분이 많다.

책을 읽는 동안 내게 개츠비는 질투와 동시에 미묘한 동질감을 갖게 하는 대상이었다. 개츠비의 파티에 참석하는 손님들처럼 그를 동경하면서도 한편으론 결점을 찾기 위해 열심히 곁눈질했다. 우습지만 이는 과정이야 어찌 됐든 꿀 같은 결과를 맛보고 즐기는 사람들을 보면 나타나는 무의식적인 반사일 것이다.

달리 세속적 사리가 밝다면 어떤 부분에서의 개츠비의 태도나 욕망은 현명한 처사이고 성공이란 포장을 씌우면 당연히 정당화되는 것이라고 생각할 수도 있겠다. 성공한 개츠비를 겉으로는 비난하면서도 속으로는 열망하며 자본주의의 교리에 충실한 자들이 누리는 영화가 훗날 자신에게도 찾아올 것 같은 느낌적인 느낌이랄까.

그런데 작 중 개츠비를 지켜보는 '나'는 그의 호화스런 파티와 인상적인 미소에 매력을 느끼고 다가가나 알면 알수록 개츠비의 과거에 대한 의문을 갖는다. 지금과 같은 부와 영광을 누리는 그의 입에서 모든 걸 전과 똑같이 만들어 놓을 것이라는 얘기는 사뭇 소름 끼치는 것이었다. 세속의 욕망에 찌든 '제이 개츠비'에서 한 때 조금은 순수했던 '제임스 개츠'로 돌아가고 싶었던 것일까. 마치 겉은 화려하지만 속은 텅 빈 고요가 느껴지는 그에게 연민이 간다.

어느 작품을 명작이라 칭하는 것은 작품성에 기인한 것도 크겠지만, 작품에서 제각기 다른 결론을 끌어낼 수 있는 가능성을 열어두었기 때문이 아닐까 싶다. 『위대한 개츠비』에서 우리는 영리주의와 자본주의의 추악함·냉혹성, 자본의 유혹에 쉽게 휘둘리는 인간의 취약함 등을 볼 수 있다.

하지만 나는 이러한 어두운 면보다는 조금 더 건설적인 주제에 중점을 두고 싶다. 아메리칸 드림의 잘못된 해석으로 인한 개츠비의 순수성이 타락해가는 모습은 사회에 진출하기 전 청년들에게 좋은 본보기지만 그 외에도 배울 점은 있다.

비록 목표설정에 오류가 있었지만 어떤 역경에도 꿋꿋이 꿈을 향해 나아가는 추진력이다. 결국 개츠비의 텅 빈 마음속은 총알로 채워졌지만 여태껏 그의 전략을 세상이 인정했으니 그만한 영광을 누린 게 아닌가.

한편으로 개츠비를 보면서 현재 나를 되돌아볼 필요가 있다. 쉼 없이 질주하는 동안 우리가 놓친 순간이 있었는지, 성공에 눈이 멀어 몰수된 가치가 무엇인지 뒤돌아보면서 나의 길이 진정 옳은 쪽인지 반성할 시간이 필요하다. 어느새 부의 그늘에 가려 선과 악이 모호해진 지금의 사회에서 우리가 준수해야 하는 가치들은 거창한 것이 아니다. 굳이 남을 돕거나 불우이웃에 적선하지 않아도 잠시 나를 되돌아보는 시간을 갖는다면 잘못을 자각하는 데 문제가 없다.

그것은 우리가 인간성과 감성, 윤리, 그 외에 북아메리카 인디언들이 즐겨 말하는 영혼이라는 물질들이 섞여 이루어진 생명체이기 때문이다.

인간은 선하거나 악하거나 제각기 다른 개성과 성격을 가지고 있지만, 욕망만 대입하면 단순동일해지는 특성이 있다. 그러나 그 욕망의 근원을 파헤쳐본다면 도덕률의 잣대로 구분 짓지 못할 정도로 제각기 이유가 있다. 그만큼 한 사람의 욕망을 이해하는 데 대단히 복잡하거나 혹은 파격적인 과정이 필요하다고 볼 수 있다.

작가는 인간과 꿈·욕망의 관계가 가지는 추상적이고 무한한 콤플렉스에 뚜렷한 윤곽선을 그렸다. 꿈과 욕망 사이를 아슬아슬하게 줄타기하는 인물들의 성장과정과 인생이 내게는 사회로 나가기 전 정리해야 하는 과제의 좋은 교보재가 된 것 같다.

다시 환기해 본다. 군대에서 오로지 나의 실력을 위해서 정진하는 이 시간이 혹여나 다른 가치를 놓치게 되지는 않을런지. 하나를 얻으면 다른 하나를 잃는 게 세상의 이치라지만 그래도 역시 잃는 건 아까우니 한 번쯤 밀당의 시간을 가져보는 것도 나쁘지 않을 듯하다. 욕망과 인간 사이의 철학에 깊은 파문을 일으킨 개츠비의 존재감은 표제에서처럼 '위대한'이라는 수식어가 잘 어울린다.

4장 ┃ 그날은 어쩐지 재수가 좋았다

· 의외의 변수, 군대영창

이 시기에 읽은 책 중에서

『바보 빅터』 - 호아킴 데 포사다

『시크릿』 - 론다 번

『도덕적 인간은 왜 나쁜 사회를 만드는가』 - 로랑 베고

『추악한 중국인』 - 보양

『파이프라인 우화』 - 버크 해지스

의외의 변수, 군대영창

그날은 어쩐지 재수가 좋았다. 종교 활동을 끝마친 후 널널한 복귀시간에 몰래 치맥도 먹고 카페에 가서 신나게 여유부리는 사치를 부렸으니까. 매일 8시간씩 서는 근무도 그날만큼은 피곤하거나 짜증나지 않았다. 상황실 컴퓨터에 있는 메신저로 간부 몰래 시답잖은 대화를 나누며 지루한 근무시간이 어서 끝나기를 기다리고 있었다.

나의 임무는 지휘통제실로 각 소초와 연락하면서 훈련이나 여러 전파사항을 인계하는 상황병이었다. 말이 해안이지 내가 있던 곳은 주변에 빽빽한 산들밖에 없는지라 보고 있으면 속이 꽉 막히는 기분이었다. 게다가 없는 인원에 근무는 24시간으로 돌려야 하니 후임이든 선임이든 스트레스가 이만저만이 아니었다.

상황실은 세 사람이 조를 이뤄 근무하는데 그중 누군가 올린 소재에 대해 짧은 의견을 주고받기도 하고 지루함을 잠깐 해소하기도 하는 곳이 메신저다. 혈기 왕성한 젊은이 셋이 모이면 가장 관심있는 분야가 이성과 SNS에서 떠도는 소식들이다. 대화 중에 욕이 섞이기도 하고 때에 따라 감정을 담은 격한 말들이 오가기도 한다. 세 사람이 의기투합하면 맘에 안 드는 선임 뒷담화를 까기도 하는 재미가 있다. 그런 면에서 여자들의 수다와 별 차이는 없을 것이다.

그 날도 근무조인 우리 셋은 어김없이 중요한 업무를 끝내고 남은 시간을 이용해 대화방을 만들어 초성게임이나 여자에 대해 갑론을박 떠들어댔다. 그런데 이게 웬걸, 우리의 일에 거들떠보지도 않던 간부가 그날따라 메신저를 뒤져보더니 대화방 기록을 샅샅이 살펴보는 게 아닌가. 동기 한 놈과 나는 기록을 모두 지우는 등 철두철미하게 뒤처리를 했지만, 후임은 깜빡했는지 대화기록을 지우지 않았던 모양이다. 우리들 대화 속에는 간부들이 용납 못 할 불순한 언동이 섞여 있었고 이것이 윗선으로 보고돼 사건이 되어버렸다.

사건은 첫 휴가 3일 전에 터졌고 아무 생각 없이 함께 희희덕거렸던 대화방 패밀리들은 같이 징계를 받는 처지가 되었다. 밖에서는 생각 없이 나누었던 남자들만의 대화가 자료로 남고 군대 내에 오픈되니 그것은 엄연한 죄가 되었다. 당시엔 '강남역 살인사건'이라든가 '남학생들의 문란한 단톡방' 등의 뉴스가 연일 보도되었던 시기였다.

죄의식이나 사회적 윤리, 사람에 대한 기본 예의 같은 것을 생각지 않고 나눴던 입담이 그 대상에게는 얼마나 큰 상처가 될지 우리 중 아무도 떠올리지 않았던 것이다. 무겁고 엄중한 부대 내 분위기에 우리는 거의 패닉상태에 빠졌다.

다시 떠올려봐도 스스로에게 부끄럽고 한심한 사건이었다. 나는 조용히 처벌을 기다리고 있었다. 부모님은 잘못에 대한 처벌은 달게 받으라고 담담히 말씀하셨다. 내가 휘두른 잘못된 칼날. 그 예리한 비수가 밤마다 부메랑이 되어 날아오는 것 같았다. 아마도 나는 살아가면서 긴 시간을 후회와 참회의 마음으로 그 대가를 치러야 할 것 같다. 무의미하게 던진 말 한마디가 다른 이에게는 상상할 수 없는 상처가 된다는 것이 내가 얻은 교훈이었다면 한편으로는 사회가 아닌 군대에서 경험한 것이 다행이라고 가슴을 쓸어내렸다.

과정이야 어떠했든 결과는 분명했다. 6월 11일, 여름이 다가오기 전 우리 세 얼간이는 격리 조치로 인해 다른 소초에서 각각 징계처분을 기다리고 있었다. 그러나 일주일이 지나고, 이주일이 지나도 징계 소식이 없으니 매일매일 가슴을 졸이며 살았다. 부디 이러다가 잊혀지기를 잠들기 전에 한 번씩은 기도했던 것 같다.

대기하고 있는 곳이 해안이다 보니 장소도 대대와 50km 넘게 떨어져 있는 곳이고 죄인에게 친절히 상황을 알려줄 간부도 있을 턱이 없으니 앞날에 대한 모든 추측은 간간이 간부들 사이에서 들려오는 찌라시와 부대 내 동기들의 말에 의지할 수밖에 없었다. 사건을 조사하던 헌병들과 조사관이 나름의 긍정적인 언질을 주는 것도 혼란만 가중시킬 뿐이었다. 그래선지 하루에도 천당과 지옥을 왔다 갔다 끝없이 요동치는 날들의 반복이었다.

그나마 잠시나마 잊게 해주는 것이 책과 공부였다. 징계대기라며 나를 버린 자식? 취급하는 이곳에선 자유와 외로움이 공존했다. 그래서 딱히 할 일이라고는 책과 공부뿐이었다. 2달 동안 하루 8시간 근무를 서면서 피로 때문에 미처 하지 못했던 영어 공부를 보충하고 이런저런 핑계에 밀려 미뤄뒀던 책을 마음껏 읽을 수 있었다. 원래 긍정적인 성격 탓인지 징계대기의 시간은 내게 또 다른 기회이고 선물 같았다.

어찌 보면 이병 때 다음으로 마음을 집중할 수 있었던 기간이었다. 단지 그때는 절실함이었지만 이번엔 초조함과 두려움을 깔고 '그래도 나는 처벌을 기다리고 있는 징계자인데 이래도 되나…'라는 생각이 맴돌았다. 그렇게 6월이 지나고 7월이 끝나가는 시점에, 최종 징계재판이 열리는 날을 통보받았다. 긴장감과 두려움, 일말의 기대감을 품은 채 다시 부대로 향했다.

재판이 있던 날, 당시의 내 감정과 상황, 사건 이후의 마음가짐을 스스로도 놀랄 정도로 침착하고 담담하게 진술했다. 그렇게 나를 포함한 3명의 징계재판이 끝났고 결과는 추후에 알려준단다.

그날은 한시름 덜고 홀가분한 마음으로 잠자리에 들었던 것 같다. 그것이 나의 마지막 안식이었다는 걸 알아채는 데 시간은 오래 걸리지 않았다. 청천벽력같은 소식이 들렸다. 15일 영창, 만창이란다. 다른 중대 행정관한테 그 얘기를 듣는 순간 다나까도 잊어버리고 '네?'라고 했을 정도니 내 당혹감과 좌절감이야 더 이상 말할 필요가 없었다. 순간 하늘이 노랗다는 말이 이때 쓰는가 싶었다.

기간은 8월 1일부터 15일까지. 법무관도 별다른 얘기 없이 잘 갔다 오란다. 15시에 헌병대로 들어가 영치금이니 영치품이니 작성을 하고 계급장도 뗀 채로 한 손엔 포단 뭉치, 한 손엔 책상을 들고 6호실에 들어갔다. 헌병대 내 구치소는 눈에 띄지 않는 깊은 구석에 위치했는데 지리를 알아도 헤맬 정도니 우리는 사회와의 격리, 군대와의 격리를 모조리 당한 처량한 신세가 되었다. 나중에 알고 보니 15시 이전에는 실전체력을 하니 행정관이 나를 배려해 15시 이후에 넣어준 거라고 했다.

한편, 이곳에는 교도헌병을 제외하고는 모두가 평등하다. 기수를 생명으로 여기는 해병대에겐 그보다 쥐약 같은 규칙은 또 없으리라. 한참 후임이 교도헌병일 경우 선임 기수인 징계자한테 이래라저래라 훈시를 하는 모습은 해병대 내 어떤 곳에서도 찾아볼 수 없는 낯선 광경일 것이다. 입창 전에 교도헌병들이 죄질에 따라서 대우에 차이를 둔다는 말에 일말의 희망을 가져본다. 우린 최소한 구타나 탈영 같은 중범죄는 아니었으니까.

구치소 내부를 빠르게 눈으로 스캔한 후 배정받았던 6호실에 들어가 앉았다. 3명이 있었는데 말은 하지 않고 눈으로만 반가운 사인을 보낸다. 호실 구조는 영화나 드라마에서 보던 경찰서 유치장과 유사하다. 이런 곳에서 15일을 있어야 한다니. 눈앞에 서리가 끼면서 깜깜해진다.

딱딱한 시멘트 위에다 딱딱한 장판 하나를 깔아놓고 하루 종일 정좌자세를 유지해야 하는 우리. 빌어먹을 밥은 왜 이리도 쥐꼬리만큼 나오는지. 한나절을 정좌자세로 있어야 한다는 신세가 처량하지만, 영창에서는 독서의 시간을 많이 갖는다는 얘기에 나름의 긍정적인 마인드를 유지하려 애써본다.

과업은 대강 이렇다.

시간 / 요일	오전	오후
월	병영생활규정 A4용지에 깜지	실전체력, 독서
화	외부강사 심리상담	실전체력, 독서
수	정훈특강, 독서	정훈특강, 실전체력, 종교 활동, 독서
목	병영생활규정 A4용지에 깜지	실전체력, 독서
금	병영생활규정 A4용지에 깜지	실전체력, 종교 활동, 독서
토 · 일	독서	독서

전투복은 땀에 절어서 눅눅하고 냄새가 스멀스멀 올라오니 3~4명씩 들어가 있는 호실의 상태는 최악이다. 런닝이나 팬티, 수건 같은 의류는 호실 내 세면대에서 빨래가 가능하지만 전투복은 허락하지 않는다.

그나마 위안이 된다면 매주 화요일마다 오는 심리상담 시간이다. 외부에서 전문가들이 와서 상담해주는 심리상담은 몸도 편하게 가누고 서로 대화도 나눌 수 있는 황금 같은 시간이다.

잘못의 경중을 떠나서 회개의 수단으로 독서가 최고인 모양이다. 나는 이 부분에서 가장 달콤한 처벌을 받게 된 셈이다. 15일 동안 13권에 달하는 책을 읽었다. 책을 가지러 가는 것은 온전히 교도헌병의 몫이었기에 우리는 아주 정중하고 공손하게 부탁을 해야 한다.

매일 과업이 끝나면 배당되는 청소도구를 가지고 각자 호실을 쓸고 닦은 후에 저녁점호 시간을 갖는다. 저녁점호 전, 하루도 빠짐없이 시행되는 활동이 있다. 일명 '5감사노트.' 매일 감사했던 일 5가지를 쓰고 한 사람씩 발표하는 것이다. 이때 징계자들 모두는 골머리를 싸맨다.

내용은 거창하지 않다. 교도헌병들이 물을 떠다 줬거나, 선풍기를 다른 방향으로 돌려줬다, 독서시간에 음악을 틀어줬다, 실전체력 시간을 루즈하게 해서 덜 힘들었다 등의 시시콜콜한 이야기들을 적는 거다.

물론 정좌로 명상하고 책만 읽는 시간은 다른 부분에서 대가를 치러야 한다. 12시간을 앉아 있으니 엉덩이, 종아리, 복사뼈, 새끼발가락, 발 옆, 뒤꿈치에 굳은살이 배긴다거나, 무지막지하게 쏟아지는 졸음을 참는 것이었다. 특별한 과업이 없어도 배는 왜 그렇게 빨리 고파오는지 민망하기도 했다.

하지만 확실한 한 가지는 징계에 맞는 처벌을 달게 받음으로써 스스로에게 떳떳하고 싶은 마음이 더 컸다. 그래서 책을 열심히 읽었고 명상시간에는 지난 시간을 수없이 되돌아보며 부끄럽기도 했다.

7일이 지나고 10일이 넘어가니 익숙했던 사람들은 퇴창을 하고 빈자리엔 다시 새로운 사람들이 차게 돼서 기분이 묘했다. 기수는 나보다 선임이지만 내가 구치소 생활을 먼저 한 선배?로서 이 것저것 남몰래 코칭도 해주고 생활방법에 대해서도 알려준다. 범 죄드라마나 영화에 보면 교도소에 수감된 덩치 큰 형님들이 부리는 텃세가 왠지 이해가 간다. 그리고 이제는 실전체력이 예전보다 힘들지 않다.

뉴페이스들은 얼마 지나지 않아 끙끙대는 데 비해 나는 제법 여유롭다. 정좌자세를 해도 예전만큼 다리나 엉덩이가 아프지 않 다. 쿠션의자를 오래 쓰면 쓴 자리가 눌리듯이 내 엉덩이와 다리 가 그러할 지다. 밤마다 골머리를 싸는 5감사노트도 1분이면 쓱 싹쓱싹. 10일이 넘어가니 구치소 운영이 대강 눈에 들어왔다.

드디어 퇴창. 주섬주섬 짐을 싸들고 복장을 재정비하고 나가려 는데 후임 교도헌병 녀석들이 고생했다고, 다시는 여기 오지 말 란다. 좋은 말인데 막상 헤어지려니 괜스레 마음이 서운하다. 이 제 다른 부대로 옮겨지겠지. 상병 2호봉. 애매하다.

전입 때만큼은 아니지만 어중간한 위치에 새로운 사람들을 만 난다니 살짝 두려운 감이 없잖아 있다. 어떤 면에서는 신병 전입

이랑 마찬가지다. 이전 부대에서 만들어놓은 관계와 정, 쌓아놓은 모든 것들이 초기화되고 새로 시작하는 셈이다. 관계에 대해 이때만큼 깊이 고민해본 적은 없었던 것 같다. 모든 것은 관계에서 시작되고 관계에서 끝난다. 애매한 상봉 2호봉의 호된 신고식은 영원히 잊지 못할 것이다.

"피할 수 없는 고통이라면 차라리 즐겨라"

『바보 빅터』

호아킴 데 포사다 저

인생에서 중요한 것들

　사건이 터지고 격리된 지 이틀 정도 지나 긴장도 풀 겸 소초 주변을 두리번거렸다. 반성도 반성이지만 감감무소식에 조마조마 가슴만 타들어가니 미칠 지경인지라 잠시나마 현실도피를 하고 싶었다. 나는 죄인이었지만 기죽고 싶지 않은 마음에 애써 웃어 보이고 아무렇지 않은 척했다.

　그때 책은 내가 위로받을 수 있는 유일한 탈출구였다. 언제나 그랬듯 나는 책을 펼쳐 놓고 있을 때가 가장 안전하고 편안한 컨디션이 유지된다. 자기반성과 후회, 결과에 대한 불확실한 추측으로 날뛰는 마음을 다스릴 수 있는 최선의 방법이었다. 무언가 희망적인 메시지가 필요했다. 현 사태를 잠깐이라도 잊게 만들 수 있는 강한 긍정 에너지로 똘똘 뭉친 이야기가!

마침 호아킴 데 포사다의 『바보빅터』가 생활실 관물함 한쪽에 버려진 듯 놓여 있었다. 지난번 『난쟁이 피터』를 읽을 때 무한긍정파워를 경험했기에 『마시멜로 이야기』나 다른 자기계발서를 읽는 것보다 호아킴의 작품을 읽는 게 나은 선택일 것 같았다. 사실 내용도 그럭저럭 재미있기도 하다. 또 달리 냉혹한 현실에 상처받았을 때 위로용으로 읽으면 좋은 책이기도 하니까.

IQ 173인데도 자괴감에 빠져 살다 뒤늦게 멘사 회장이 된 빅터와 자신을 못난이로 여겼던 아름다운 여인 로라. 단순히 독자들에게 희망을 주기 위한 픽션인 줄 알았는데 실화를 바탕으로 했다기에 놀랐다. 한편으로는 사촌이 땅을 사면 배가 아프다는 속담처럼 질투도 났다. 나도 이들처럼 되고 싶은데 갈 길은 멀고 스스로에 대한 의구심만 솟구칠 뿐 하루하루가 여전하니까.

호아킴의 자신감과 자존감에 대한 이야기는 단순명료하다. 좌절감과 자기비하, 패배감에 사로잡혀 있다면 될 일은 아무것도 없을 것이다. 그렇다고 막연히 자존감, 자신감만 갖고 무데뽀로 살아가기엔 세상은 너무 변칙적이고 냉정하다. 그리고 책 속의 빅터와 로라처럼 자의 반 타의 반으로 바보처럼 살았던 17년의 시간을 견디며 살 수 있을지도 의문이다.

우리는 불확실성에 대한 불안과 인정받고 싶은 욕구 때문에 세상의 기준에 자신을 맞춰가며 타협하기도 한다. 자신에게 어떤 재능이 숨어 있는지 인지할 수 있는 능력이 있다면 이런 자전적 소설은 더 이상 극적이지 않을 수 있다.

작가는 말한다. 빅터와 로라는 17년을 자기파괴의 암흑 속에서 살았지만 마침내 성공했으며 꿈과 열정을 잃지 않고 도전한다면 그 주인공은 당신 자신일 수 있다고 말이다. 그러나 애석하게도 내심 회의감이 드는 건 어쩔 수 없다. '이는 소설 속 이야기일 뿐이고…'라며 어느새 현실 속 나를 구분 짓는다. 어째서 이런 희망찬 메시지를 담은 책을 이렇게밖에 못 받아들이는 걸까? 도전에 소심한 나를 나름 변명해 본다.

우리는 각자의 삶이 있다. 비슷하면서도 다른 99%의 닮은꼴의 인생들이 서로 +1, −1 따져가며 자신이 목표한 삶, 이를테면 회사원, 공무원, 엔지니어, 언론인 등등의 자리를 얻기 위해 다투며 살아간다. 나이를 먹을수록 책임져야 할 것들이 많아지니 방법은 달라도 노력하지 않으면 뒤처진다는 강박에 시달리는 게 일반적인 삶이다.

그것이 빅터와 로라가 마침내 해피엔딩을 맞이했다 하더라도 이들의 삶을 우리의 삶에 무작정 이식할 수 없는 이유다. 하지만 이들의 이야기가 삶의 목표설정에 괜찮은 이정표 역할은 할 수 있을 것이다. 많은 변화는 필요 없다. 그저 자신의 페이스를 유지하고 자존감과 자신감으로 자신을 지키며 포기하지 않는 것.

지금의 우리들에게 중요한 포인트가 아닐까. 작가의 말처럼 이 책을 읽고 마음 구석자리에서 배배 꼬이고 뒤틀린 심사와 부정적인 생각으로 뭉쳐진 덩어리가 느껴졌다면 우리는 이미 숨겨진 가능성 하나를 은연중에 부정하고 살고 있는지 모를 일이다.

이 책을 통해 희망을 가지고 긍정적인 시선으로 사물을 바라보게 되었다면 자신의 모습을 직시해보자. 그리고 차근차근 준비하며 세상의 기준을 자신의 이상에 이어 붙여보는 거다. 모자이크와 콜라주가 아름다운 것은 서로 어울리지 않을 것 같은 재료들이 절묘하게 이어져서 혹은 타협해서 하나의 완성체를 보여주기 때문이다. 우리의 삶도 이와 다르지 않다.

비록 타협의 과정에서 자석의 같은 극을 붙여보려는 듯한 답답함과 운명 같은 부정을 느껴 좌절할지라도 괜찮다. 있는 그대로의 자신을 인정하는 과정에선 늘 고통이 따르는 법이고 고통은 우리에게 겸허와 신중한 자세의 중요성을 알려줄 테니까.

단지 '자신감을 갖고 살아가자'라는 이야기에 괜한 해석을 단 건지 모르겠다. 타인이 보기엔 나는 당장 내일모레 영창을 가도 모를 판에 돈키호테 행동 는 못될지언정 햄릿 생각 역할만 하고 있으니 이런 말을 꺼내는 것이 가당찮게 보일 수도 있다.

더불어 군대 외에 진정한 아픔이란 것을 겪어보지 못한 내가, 아프니까 청춘이라는 뉘앙스로 말한 것 같아 스스로가 부끄럽기도 하다. 그래도 긍정적인 마인드는 부정할 수 없는 바람직한 자세가 아닐까.

나는 비록 군법상 징계를 받을 신세지만 죄책감과 죄송함을, 한편으로는 이를 건강하게 받아들일 수 있는 방법을 계속해서 찾아내고 있으니 말이다. 사회를 대비한 군대에서 치르는 혹독한 연습이라고 생각하면 영창도 나름 의미 있는 시간이 될 것이다.

빅터와 로라의 이야기를 듣고 나니 자기합리화의 기술이 늘어난 것 같지만 그렇다고 울상인 채로 절망감에 빠져 있다면 이는 그것대로 기운 빠지는 일이고 앞으로의 시간도 의미 있지 않을 것 같다. 언제가 될지 모르겠지만 징계가 결정되는 날까지 나는 꾸준히 독서를 하고 사람들과 교류할 것이다. 단 한 번의 실수로 좌절감에 빠져있기엔 나는 아직 젊고 해야 할 일과 살아갈 날이 무한하다.

『시크릿』

론다 번 저

시크릿은 시크릿이 아니다

　사건이 터진 지 보름이 되어 간다. 아무런 결말도 없이 다른 부대에 격리된 채 통보를 기다리는 나날이었다. 징계대기라서 과업도 하지 않았고 밥도 꼬박 챙겨 먹으면서 여유롭게 시간을 보내는 게 내 일과였다. 역설적이게도 이때가 나의 군 생활 중 가장 공부에 집중했고 책에 집중했던 때었다. 때에 따라 일주일에 3권을 읽기도 하고 영어공부도 그에 만만치 않게 빡세게 했다.

　그러나 한편으론, 마음속에는 항상 언제 이 생활이 끝날지 모른다는 불안감이 자리해 누군가 나를 부를 때마다 가슴이 철렁 내려앉곤 했다. 그즈음에 읽은 『바보 빅터』의 약발이 다 떨어졌나 보다. 희망이 필요했다.

『왓칭』이나 『리듬』 같은 말하는 대로, 생각한 대로 이루어진다는 마법이 절실했다. 양자물리학과 우주의 법칙을 곁들인 책들은 어느 정도 읽어보았지만 초창기 '성공의 법칙' 열풍을 주도했던 『시크릿』은 아직 읽어보지 못했다. 학창시절에 선생님이 틀어준 CD에서 맛보기를 살짝 본 것도 같은데 기억은 나지 않는다. 고대에서부터 지금까지 상위의 리더들이 가지고 있었던 자세와 마음가짐에 대해서 파헤쳐 본다는 것인데 진부한 내용일지 몰라도 내게, 지금, 당장, 필요했다.

모든 성공이나 부, 행복이 세상이 재단한 기준이나 법칙이 아니라 '자신'이라는 거대한 잠재력을 가진 우주에서 비롯된다고 했다. 만약 당신이 이 책을 읽고 단순히 순 엉터리, 사이비라고 치부해버리고 당장의 근심거리들을 기억에서 불러와 씨름한다면 다시 한 번 시크릿의 의도가 무엇인지 생각해 보길 바란다.

하지만 사실 형이상학적인 내용이 많은 데다 논리를 뒷받침할 근거는 인물 사례밖에 없어 과장이 섞여 있다고 볼 수도 있다. 그러나 가장 눈여겨볼 것은 모든 상위의 리더들은 자애심과 무한한 자신감으로 무장하고 있다는 것이다.

물론 나이가 들면서 이러한 순수한 열정을 갖는다는 것이 얼마나 힘든 일인지 나 역시 뼈저리게 통감하고 있다. 자신의 꿈을 이루는 데는 본인의 순수 노력 외에도 불공평하다고 느낄 정도로 많은 외부적인 요소가 가미돼야 한다는 것. 여러 여건들에 치이다 보니 청춘의 불꽃은 사그라들고 타성에 젖어 내 정체성을 망각하고 가능하면 힘든 요소들을 피해가며 나보다 나은 길잡이를 따라가며 살게 된다.

읽는 동안 정말 책 속의 이야기는 다른 세상의 꿈만 같아 종종 현실과 연결되지 않았다. 비현실적인 것, 소설 같은 스토리에 내면의 뭔가를 끄집어내는 것은 내공이 쌓인 사람들에게나 가능한 것은 아닌가 생각을 했다. 마법의 법칙 같은 것은 평범한 사람들에게는 하나의 꿈에 불과하다고 여겼기에 어쩌면 나는 읽는 내내 억지로 부정하고 있었는지 모른다. 물론 누구나 할 수 있는 비법임을 머리로는 알고 있지만 성공, 부, 행복, 인간관계 등 삶의 근간을 이루는 기본적인 요소들은 이론 속 단어들로 더 익숙한 나였다.

긍정적 사고와 강력한 믿음. 우리의 기복문화를 떠올렸다. 정한수를 떠놓고 자식이 잘되기를 빌던 우리네 어머니, 할머니들의 간절한 기도는 때로 엄청난 기적을 가져오기도 한다는 것을 고전이나 소설 속에서 종종 만날 수 있다. 간절함이 빚어낸 내면의 힘은 우주를 움직일 수도 있고 마음이라는 거울은 엄청난 에너지를 갖고 있어 사람을 변화시키기도 한다.

하지만 이런 류의 책들은 한 가지 위험성을 안고 있다. '그대로 따라하면 나도 되겠지.'라는 맹목적 독자를 양산할 수도 있고, 일정 시간 동안 그대로 했는데 소기의 성과가 없을 때는 더 큰 좌절을 맛보기도 한다. 때로 시크한 독자들은 거짓말, 사기라고 맹렬히 성토하기도 한다. 다만, 마음 밑바닥에는 성공한 사람들이 발견해 낸 그 미묘한 비밀을 품고 힘들거나 어려울 때도 이루고 자 하는 간절함을 놓지 않는다는 점이다.

영웅이나 위인들은 항상 어려운 시절이 있다. 칭기즈칸은 부모 가 살해당하고 고아로 지내면서 쓰레기더미에서 생을 연명했다. 그들은 차가운 바닥을 굴러도 긍정적인 마인드를 악착같이 가졌 고 마침내 성공했다. 우리가 그들이 될 수 있을지는 모르지만 돈 한 푼 없더라도 가질 수 있고 따라 할 수 있는 것이 있다.

바로 자존감·자신감, 흔히들 마음의 수양이라고 불리는 것들 이다. 다소 진부한 결론이지만 세상은 진부한 법칙들에 의해 굴 러간다. 별거 아니라고 무시할 것이 아니라 한 번쯤 받아들여도 좋을 듯하다. 어떤 제약에도 당당히 나의 꿈을 피력할 수 있는 자유인이 되어야 한다.

당연히 가는 길에는 시련과 좌절이 함께할 것이다. 그것들과 함께 나의 기쁨과 목표가 인도해주는 길로 나아가보자. 자신을 굳게 믿고 자신이 교주인 종교인이 되어 무슨 일이든 당당하게 맞이하자. 언제나 그랬듯이 답은 내 안에 있다.

확실히 재미있는 책이다. 읽다 보면 괜스레 희망이 솟구치고 책 의 이야기에 나를 대입해가며 조건 없는 행복을 만끽하게 된다. 우리에겐 '그래도'의 힘이 필요하다. 힘들어도, 좌절해도, 실패해 도, 그래도 다시 한 번. 성공의 이야기가 나에겐 머나먼 나라의 이야기처럼 들릴지라도 그래도 다시 한 번 믿고 나아가는 것이다.

모든 것들이 나를 부정하고 외면할 때도 그래도 다시 한 번 자신감을 갖고, 긍정적인 마인드를 악착같이 고수하며 살아보는 것이다. 온갖 불황과 취업난에 직격으로 피해 입는 21세기 청춘들에게 성공의 시크릿이란, 아마도 자신의 노력을 끝까지 지키는 것이 아닐까.

우리는 오래전 경이로운 경험을 해보지 않았는가. 모두가 힘들다고 부정적일 때 '꿈은 이루어진다'라는 슬로건으로 열광했었다. 그 결과 2002년 월드컵에서 4강까지 올라가는 기적은 국민 모두의 하나된 절대적 믿음이 가져온 믿을 수 없는 결과였다. 힘들어도, 좌절해도, 실패해도, 그래도 다시 한번!

『도덕적 인간은 왜 나쁜 사회를 만드는가』
로랑 베고 저

도덕적 인간이 사회를 지탱한다

지금의 나와 가장 어울리는 책이다. 나는 분명 도덕적 인간이라고 여겨왔는데 불구하고 어째서 영창을 가는 신세가 되었는지이 책은 그 해답을 줄지 궁금했다. 물론 나의 잘못의 무게를 통감하고 있으면서도 한편으론 나는 어느 정도 괜찮은 인간으로 여기며 살았다. 도덕적 인간과 나쁜 사회는 어떤 상관관계가 있단말인가. 또 도덕적 인간에 가깝다고 여겨온 나는 왜 이 자리에 있는가. 도덕적 착각이 아니기를 기도한다.

도대체 '어떻게' 도덕적인 사람이 선악의 기로에서 악의 편에 손을 거들어 주는지, 아니, '도덕적'이라는 말의 기준은 무엇인지 따져볼 필요가 있다. 인간의 심리와 도덕의 근본에 대한 철학으로꽤나 심오한 주제를 이끌어내는 이 책 때문에 머리가 아프다. 그래도 7평 이내 창살 안에서 할 수 있는 것들은 독서를 제외하곤 입 닫고 생각하거나 멍때리는 것밖에 없으니 시간은 널널하다.

기회가 된다면 같은 호실에 있는 동료들에게 왜 영창을 오게 됐는지 물어보기만 하더라도 책 제목에 대한 견해를 어느 정도 세울 수 있으리라. 어쩌면 우리는 스스로가 착하다는 근거 없는 도덕적 착각에 빠져 나쁜 쪽에는 자신을 배제한 채 판단하고 행동했을지도 모를 일이다.

저자는 20세기에 이뤄졌던 심리학 실험을 종합해 하나의 결론을 냈다. 스탠리 밀그램의 전기충격 실험부터 2차 세계 대전 당시 많은 유대인 포로들을 학살한 아돌프 아이히만을 상대로 했던 실험을 보면 '범죄자'와 '일반인'의 차이는 그렇게 두드러지지는 않는다. 집단 범죄에 빠진 당시 동조자들도 죄의식이나 부도덕성을 느끼지 못했다고 한다. 인간은 어떤 상황에 놓여 있을 때 기본적으로 자기중심에서 판단하기 때문이다.

이 책은 오히려 권위와 윤리가 엇물리는 상황에서는 우리가 익히 알고 있던 '성실한 사람'들이 더 '악랄한' 모습을 보여줬다고 고백한다. 달리 보면 절차의 이행과 도덕률에 입각한 인간성 사이에서 절차를 따랐을 뿐이고 대의를 위해 소수를 희생시키며 보편적인 법률을 수호했다고 변호한다는 것이다.

하지만 상황은 천차만별이고 절차보단 윤리가 먼저 선행되어야 할 때도 있다. 우리는 기본적으로 윤리에 더 마음이 끌리고 선악의 기로에서 선을 택하고 싶은 게 당연하다. 우리는 그것을 윤리적, 도덕적이라고 규정해 왔다. 하지만 이에 못지않게 대의를 위하는 것 역시 중요하기에 우리는 딜레마에 빠진다. 그 대의가 윤리적일지, 반윤리적일지는 여기선 따지지 않기로 하자. 어떻게 해야 할까.

책에서는 처음부터 끝까지 수많은 심리학 실험 사례를 소개하면서 스스로도 모르는 이성의 다소 충격적인 가능성을 제시한다. 나무의 잔뿌리마냥 셀 수 없이 뻗어있는 가능성에 이러지도 저러지도 못해 난처하지만, 작가는 그나마 간단하게 정리해준다.

의식과 무의식의 공간에 다양하고 방대한 특성들이 있지만 자신의 확고한 잣대와 그에 기초한 자기통제가 중요하다는 것이다. 또한 흔히 '성실한 사람'들은 부당한 일이더라도 '권위'를 거부하지 못하는 경향 개인적인 감정은 없어, 이건 단지 사업일 뿐이야! 을 보이니 스스로 경계하라고 말한다.

하긴 도덕적 인간은 착한 사람이라는 공식으로도 연결된다. 건강한 사회는 도덕적이고 윤리적인 규범 위에 발전하지만 그들에게는 심각한 한계가 있다. 갈등과 저항의 문제이다. 순응과 복종이 체득화 됐기 때문에 결국 나쁜 사회로 가는 여지를 내주는 경우가 많다는 뜻이다. 그럼에도 저자는 사회를 지탱하는 근간은 도덕적이라는 데 뜻을 둔다. 지독한 아이러니다. 제목이 주는 반전은 결코 일어나지 않았다.

심오한 주제와 미괄식의 풀이로 어려움을 참고 끝까지 읽었지만 결국 자기 수양에 힘쓰라는 말로 귀결된다. 하지만 고대에서부터 지금까지 많은 사상과 종교, 법률을 만든 것은 다름 아닌 인간이었고 세상을 이끄는 것도 자연이 아닌 인간이었다. 결과가 어떻게 되든 자신의 선택에 책임을 지는 것이 더 나은 사회를 만드는 원동력이 되지 않을까. 비록 그 선택이 당장 악영향을 야기했더라도 후일에는 최선의 선택이 될지도 모를 일이니까.

중간중간에 창살 안에 갇혀있는 나를 생각했고 합쳐서 50평 안 되는 구치소에서 각자의 이유로 모여 있는 우리를 생각했다. 나의 잘못은 오로지 자신에게만 매몰돼 남을 존중하지 않아 누군가에게 상처를 입혀서다. 그렇다면 서두에서 밝힌 것처럼 나는 도덕적 인간이라고 선언했던 것에 정면으로 배치되는 상황이다.

어쩌면 이곳에서 그동안 눌러왔던 나의 또 다른 모습을 볼 수도 있지 않을까. 만약 그 모습이 추악하더라도 나는 수용해야 한다. 우리는 인간인 이상 결핍이 존재한다. 그리고 결핍을 메워가며 평생 자신을 다듬어가는 것이 우리의 운명이다. '너 자신을 알라'는 소크라테스의 명언이 수천 년의 시간을 관통해 지금까지 간간이 회자되는 이유에 대해 다시 한 번 생각해본다.

『추악한 중국인』

보양 저

우리는 과연 자유로울 수 있는가

영창 생활은 실전체력이나 감화교육 등을 빼고선 죄다 독서시간이라고 봐도 무방하다. 덕분에 이곳에만 있는 책을 _{과장을 조금 보태자면} 접할 수 있는 기회가 많다. 코팅된 A4용지에 분야·번호별로 나눈 도서 목록을 각 호실마다 나눠주고 읽고 싶은 책이 있으면 교도헌병에게 정중히! 부탁해야 받을 수 있다.

제목부터 강한 인상을 주는 이 책이 바로 눈길을 사로잡았지만 어려운 책은 아껴두었다가 읽는 것이 제맛이라 다른 책들만 만지작거리고 있었다. 그리고 마침내 하루종일 독서만 할 수 있는 주말이 오자 냉큼 정중히! 부탁해서 책을 받았다.

책은 오래전부터 그 자리를 지켜왔는지 이곳을 거쳐 갔던 많은 사람들의 손때가 유독 강하게 묻어있었다. 그 흔적이란 것은 책 일부가 찢어졌거나 언제 쓰였는지 모를 기록과 비방, 끈적거림,

혹은 근본을 알 수 없는 체모들이 더덕더덕 붙어서 향연을 벌이는 모양새였다.

표지와 옮긴이의 글을 보니 故 리영희 선생과 비슷한 영감을 주는 작가였다. 차이점이라 하면 조금 더 비판적이고 절실했다고 해야 하나. 중국 민족성의 역사를 말해준다니 흥미롭지 않을 수가 없다.

그는 1980년대 중국인의 도를 넘어선 자부심과 자기중심주의, 보편화된 비문명적인 생활양식을 맹렬히 비판했다. 백해무익한 것들만 남아 썩어버린 장독문화를 현대문명은 더 이상 용납하지 않으니 바뀌지 않는 한 중국은 도태될 것이라고 경고했다.

저자는 대안으로 외국문물의 적극적인 수용과 변화를 내놓았지만 당시의 국수적인 성격이 강한 중국인들에게 그는 서양에 비겁하게 꼬리치고 있다는 모욕을 받았다. 물론 보양 선생은 서양 문화를 신봉함과 꼬리침에 있어 그 구분은 명확하게 해야 한다고 선을 그었다. 중국인들의 감정을 건드린 이 책은 1985년 출간된 이래 한때 금서로 지정되기도 했다.

책에서 보양 선생이 예시로 들은 일화들이 다소 극적이긴 하지만 지금도 우리나라에 여행 온 중국 관광객들의 비신사적인 모습과 안하무인의 태도는 이 책을 다시 돌아보게 한다. 어쨌든 보양 선생의 이런 지적은 오늘의 중국을 만드는 데 어느 정도 일조를 한 것으로 보인다.

세계 강국인 중국은 후에 90년대부터 지금에 이르기까지 지식인들의 뿌리 깊은 반성을 거쳐 변화해갔다. 보양은 내용만큼 중국의 추악한 부분을 경계하면서도 중국과 국민들을 미워하지는 않았던 모양이다. 오히려 중국에 대한 넘치는 애정이 엿보인다.

보양 선생은 중국인의 지나친 애국심이 불러온 자만은 결과적으로 문화의 퇴보를 가져왔지만 썩어버린 장독^{관료주의}을 비워내야 한다고 꼬집었다. 그리고 비워낸 장독에 다시 깊고 진한 발효를 이끌어내는 '존엄'으로 채워야 한다는 대안을 내놓았다.

썩은 장독을 비워내고 새로운 물을 담아야 하는 과제는 우리에게도 필요한 시제다. 존엄만으로는 현재 나라를 어지럽힌 일련의 부패한 사건들을 비롯한 부끄러운 자화상을 다 덮을 수가 없다. 물론 우리는 그 자체로도 특별하고 소중하지만 좀 더 발전에 목적을 둔다면 비판은 응당 필요한 고통이다.

자국민에 대한 비판이든 옆 나라에 대한 분석이든 국민성을 분석하고 썩은 문화를 비판하고 그 토대 위에 미래를 얹어야 하는 제시는 미국의 『추악한 미국인^{벤 메즈리치}』, 일본의 『추악한 일본인, 교활한 일본인^{여설하}』, 그리고 중국의 『추악한 중국인』 등 많은 저서에서 제시하고 있다. 이 시점에서 '우리는 어떠한가'라는 물음은 당연한 자성이다. 반성과 진보를 위해서라도 우리의 추악함^{문제점과 그 대안}을 고백하는 것이 지금보다 나은 미래로 가는 길이 아닐까 생각한다. 천주교의 고해성사처럼 자신의 죄를 고백함으로써 용서를 받고 눈을 뜨면 언제나 새로운 자신이 되듯이 말이다.

『추악한 중국인』은 통렬하게 중국의 아픈 곳을 찌른다. 중국을 모르는 외부인이 보양 선생의 맹렬한 비판을 듣고 있자면 중국에 대해 좋지 않은 편견을 가질 수도 있을 만큼 파격적이다. 끝에는 보양 선생이 민족계몽 지식인으로 어떻게 살아왔고 존엄하게 살아야 한다고 결론을 내기까지의 과정이 간략히 나와 있는데 그게 아니었다면 나 역시 중국에 대한 옳지 못한 잣대를 가졌을 수도 있었을 것이다. 중화주의를 비판하면서도 지독한 중국인 사랑을 그의 글은 역설적이게도 아프게 전달한다.

그만큼 보양 선생이 당시의 중국인의 인성에 대해 큰 경각심을 가졌었다고 이해하면 될 터이다. 아마 책을 읽다 보면 웃음이 나오는 어이없는 사례도 있지만, 어느 부분은 위화감 없이 받아들이는 부분도 존재한다. 그의 지적이 아니라 해도 우리는 그 둘의 닮음을 부정하고 변화해 가는 게 가장 좋은 해결책이라는 것을 무의식적으로 알고 있다.

느닷없는 비유지만 대한항공 기내난동 등 굵직한 사건들을 보면 존엄은커녕 추악한 한국인의 면모를 보여주는 사례들은 많다. 과거와 달리 전 세계가 실시간으로 연결된 삶을 살고 있는 지금, 우리는 한반도에 갇힌 좁은 사고에서 벗어나 범세계적인 문명을 아우를 수 있는 시선과 자세로 스스로를 다듬어야 할 때가 아닐까. 우리는 우리끼리만 사는 것이 아니다.

『파이프라인 우화』

버크 해지스 저

부자되기

15일은 생각보다 빠르게 지나갔다. 앞으로 남은 기간은 3일. 그간 힘든 일도 서러운 일도 많았지만, 보름이라는 시간 안에 이렇게 집중해서 독서를 한 적이 단언컨대 내 인생에 없었던 것 같다. 심리학·역사·철학·과학 등 구치소 내에 있는 책 중 관심이 가는 것들은 모조리 읽었다. 그중에 예전 『무의미의 축제』만큼이나 얇은 두께를 자랑하는 책이 보였다.

저축, 투자라는 말이 나오는 것을 보니 경제와 관련된 책 같기도 하다. 출판 시기가 2000년이다. 책이 나온 시점으로부터 무려 16년이라는 시간의 간격이 얼마나 차이가 날지 궁금했다. 제3차 산업혁명이라고도 불리는 IT혁명, 새천년과 함께 열린 인터넷의 보급을 두고 한때 사람들은 유비쿼터스의 시대가 도래했다고 말했다. 당시 거리마다 PC방이나 컴퓨터 수리집 간판에는 '유비쿼터스'라는 단어를 안 넣은 곳이 없었다.

그 후 16년, 그 와중에 몇몇 대기업은 이득을 얻었지만 IT혁명의 바람은 거품으로 밝혀져 많은 기업과 가정이 하루아침에 폭삭 내려앉았다. 마침내 인터넷은 전부 보급되었고 유비쿼터스는 어느덧 그저 그런 시대의 전유물이 되어 의식의 흐름 속에 조용히 파묻혔다. 『파이프라인 우화』는 그 역사의 한 편을, 당시의 인터넷 붐의 열기와 희망을, 지나간 꿈의 유물을 엿볼 수 있는 책이다.

2000년대 초반, 사람들이 마이크로소프트와 빌 게이츠에 열광하고 닷컴에 대한 관심도가 극에 달했을 때 틈새를 비집고 나온 성공의 비결 중 하나다. 정기적인 수입 외에 들어오는 불로소득을 파이프라인에 빗대면서 가장 효과적이고 장기적인 파이프라인은 저축과 투자지만, 그보다 더 빠른 수입을 가져다주는 방법이 'e-배가'라고 하였다.

작가의 말로는 저축과 투자는 당장 그 빛을 보기 힘들고 인생의 황혼기가 돼서야 즐길 수 있는 돈이지만, e-배가는 빠른 시간에 돈을 만지고 나아가 세계적인 인적 네트워크까지 구축할 수 있다고 했다. e-배가는 많은 기업들이 홈페이지를 개설해 인터넷 상거래로 진출하는데 그사이에 껴서 수입을 얻는 행위다. 일종의 거래중개인과 비슷한 개념인데 지인들을 한 명 한 명 소개시켜주면서 그들에게도 일정 수수료를 받는 원리다.

당신이 만약 한 명에게 5% 수수료를 받는 것이 3명, 6명으로 늘어난다면 어느새 자금 네트워크가 형성되어 모두가 돈을 버는 것이다. 인터넷 보급도 초창기라 정보의 유통이 지금보단 원활하지 못했을 때이니 확실히 획기적인 방안으로 보였을 것이다. 그러나 요즘엔 어림도 없다.

인터넷 네트워크가 곧 지구 네트워크다. 우리는 별 어려움 없이 지구 반대편의 소식을 페이스북이나 뉴스를 통해 실시간으로 전달받는다. 개인이나 기업은 자신의 사업을 런칭하고 거래하는 데 자신의 힘으로 혹은 하청업체의 대리로 운영해간다 작가가 말한 파이프라인이 결코 하청업체를 자처하는 뜻은 아닐 것이다. 제4차 산업혁명까지 운운하는 시국에 과거의 유물을 들먹이며 자신의 삶에 대입해 보는 것은 꽤나 어리석은 짓이리라.

책을 읽다 보면 석연치 않은 부분이 있을 것이다. 사업의 원리나 향방이 마치 다단계 사업과 맥락이 비슷해 보인다. 그들은 '네트워크 마케팅'이라며 등급을 나누고 사람을 설득해 물품을 판매하고 또 판매하게 만들면 그로 인해 얻는 수수료로 월 500 이상을 벌 수 있다고 장담한다. 다소 비약일 수 있으나 군더더기 살을 빼곤 큰 틀은 e-배가와 매우 흡사해 보인다.

결국 자신의 노력으로 벌어들이는 재산에서 파이프라인을 구축해 부수입을 꾀해보고 그 과정에서 행해지는 잔망스러운 작태들은 현대나 과거나 별반 다를 바 없어 보인다. 그러나 우리나라에선 돈만 있으면 무엇이든 할 수 있다는 풍조가 있는 걸 보면

'잔망스러운 작태'라는 단어가 불경하게 들릴지도 모르겠다. 결과는 무더기로 쌓여있는 과정 위에 피어나는 한 줄기 꽃이라고 했다. 소위 결실의 개념이다.

내게 중학교 3학년 내내 영어를 가르쳐주고 관심을 가져준 영어 선생님이 계신다. 선생님은 한때 주식을 했었는데 지금도 만날 때면 주식으로 인한 인생그래프의 굴곡을 설명해준다. 눈치상 그리 큰 재미는 못 본 것 같은 분위기다. 아마도 저축은 너무 느리고 거의 노년에 되어서야 그 가치를 볼 수 있으니 공격적인 투자가 아닌 이상 정규수입으로는 안정적인 생활이 어려워서일 거라 생각된다.

그러면 주식 말고 다른 방법이 있냐고 물어보았지만 어쩌면 2000년대에 이 질문을 했다면 파이프라인 우화에 대해 말씀해주셨을 것 같다. 야심찬 파이프라인은 흐지부지 막을 내렸지만 먹고 사는 것만으로도 빠듯한 소시민들에게 잠시나마 부자의 꿈을 심어준 우화였다.

그러나 요즘엔 우화는 없다. 조언에 따라 투자를 하자니 없는 형편에 너무 위험하고 과학혁명의 전환을 맞이하는 티핑포인트인 이즈음, 획기적인 아이디어를 가져와 사업을 꾸리라는 조언도 실천하기엔 무리가 있어 보인다. 부수입을 바라는 것이 누군가는 분수 넘치는 생각이라며 욕할 수도 있겠지만 그래도 한 편의 우화를 바라는 게 죄는 아닐 것이다. 정녕 우리에게 희망을 주는 거짓말 같은 우화는 더 이상 없는 것일까.

5장 | 짬의 끝자락에 다가서다

· 드디어 병장

이 시기에 읽은 책 중에서

『통섭의 식탁』 – 최재천

『징비록』 – 류성룡

『무의미의 축제』 – 밀란 쿤데라

『빵만으로는 살 수 없다』 – 이어령

드디어 병장

퇴창을 하고 새로운 부대에 온 지 2달이 채 안 되어 경주 부근 해안경계대대 임무를 맡게 되었다. 공교롭게도 전에 있던 부대와 임무교대를 해서 몇몇 반가운 얼굴들이 스쳐 갔다. 다시금 전 부대의 근무지옥이 떠올랐지만 다행히도 나는 소초에 배치되어 비교적 편안한 근무환경에서 드넓은 동해와 하늘을 바라보며 생활할 수 있었다.

매일 동틀 녘 수색정찰은 힘들었지만 아침산책이라고 생각하니 그것도 나름대로 재미있었다. 근무도 하루에 4시간씩 한두 번 섰다. 그 외에는 프리한 일상이 이어졌고 가끔씩 있는 사격과 FTX 훈련은 주 중에 1~2번밖에 없는지라 예의 긴장감은 찾아볼 수 없었다.

더불어 임무라 해봤자 근무와 상황조치훈련밖에 없어 개인시간이 굉장히 많았다. 비록 지금 있는 소초가 포항이 아니라 경주에 속해서 포항시 이동도서관이 오지 못한다는 사실이 애석했지만, 소초 안에 있는 책도 다양했고 내게는 다른 무언가에 몰두할 기회가 되었다.

12월이 되자 일명 상꺾^{상병 6호봉}이 돼서 어떤 선임도 나에게 군기나 기합에 대해서 묻지 않았고 시간이 흘러 나는 2월에 병장을 달았다. 말 그대로 짬의 끝자락에 다가선 것이다. 그래서 한동안 손에서 놓고 있었던 영어원서와 단어·문법공부를 다시 시작했다.

위로휴가 때 중학교 시절 영어선생님께 인사드렸는데 그때 받은 1,100장에 달하는 나폴레온 힐의 『The Law of Success』를 온전히 끝마칠 수 있었고 역시 예전에 받은 문법책을 2~3번 정독할 수 있었다. 그야말로 무아지경으로 책과 영어에 파묻혔다. 문제는 짬이 차다 보니 그전에 안 보이던 것들이 속속히 보이기 시작했다. 게다가 내가 관여할 부분도 없잖아 있어 보인다.

군대는 공동체 생활이다. 유대감과 집단의 결속을 위해 개인과 공동체 사이의 갈등조정이 중요한 관건이라 볼 수 있다. 회사에서 사원, 대리, 차장, 부장이 서로 나뉘어 할 일이 있듯이 군대도 그러하다. 제각기 할 일을 하지 않는다면 언제나 마찰을 불러오는 게 공동체 생활이고 폐쇄적인 분위기가 강한 군대에서는 더욱이 민감한 사항이다.

병장이 되니 짬이 한참 아래일 때는 미처 생각지 못했던 부분들이 후임들에게 그대로 투영된 것처럼 보이기 시작했고 나는 갈등했다. 선임이 몇 소리 늘어놓으면 당사자는 물론이고 그 후임의 위아래도 덩달아 긴장하고 마음에 걸릴 게 뻔하니 후임들에게 싫은 소리 하나도 조심하게 된다. 마음에 들지 않는 것들이 있어도 한 번은 넘어가 주는 것이 미덕이었고 봐주질 못한다면 짬통이라 며 후임들에게 호박씨나 까일 터였다.

생활하는 데 어려움이 있으면 일·이병이 직접 간부들한테 말 하는 것보다 선임들이 말하는 게 훨씬 나았고 병兵 생활에서 나 의 입지가 두터워질수록 내가 책임져야 할 역할도 생겨났다. 생 활부터 교육훈련까지 후임들의 세세한 것까지 관여하는 동기들도 있었지만 나는 편한 분위기 가운데 생활할 수 있도록 도와주었 다. 장난으로 군사기초에 대해 물어보거나 소위 군기를 잡는다고 긴장감을 줄 수도 있었지만 짬티를 내지 않았다. 그저 조용한 선 임 정도였다.

이미 고등학교 때 엄격한 선·후배 사이를 겪어보고 또 배운 대 로 행해온 경험이 있는지라 군대에 와서까지 애들을 잡는 것에 딱히 의미를 두지 않았다. 하지만 군대는 계급과 서열을 중요시 하는 곳. 적당한 위엄은 필요할 터였다. 그래서 몇몇 동기나 상· 병장 후임들이 군기를 잡을 때 섞여보기도 하고 적은 인원이 생 활하는 소초라 흐트러질 수 있는 긴장감을 잃지 않도록 적절한 밀당도 필요했다.

어느 군을 막론하고 상병 6호봉을 넘기는 순간 군생활은 편해 진다. 군대에서 이뤄지는 과업들은 정상적으로 참여하나 이것저 것 허드렛일을 하는 위치를 넘어섰다는 의미다. 또한 살짝 기합 빠지게 동작을 하거나 설렁설렁해도 간부들도 묵인하고 넘어가주는 위치이기도 하다.

대부분 이때부터 전역을 준비하며 마음 편히 운동을 한다거나 독서나 공부, 자격증 시험 등 주도적인 자기계발을 시작한다고 한다. 이런 변화의 바닥에는 막연한 위기감이 한몫했을 것이다. 나는 이병 때부터 위기감을 느꼈고 몰래몰래 간이 시간을 쪼개가며 시작한 게 어느덧 1년이 넘어가니 나름 빠른 편에 속한다.

그런데 이게 무슨 조화란 말인가. 찰나를 쪼개듯 분 단위로 뭔가를 해온 것들이 이즈음부터는 자꾸만 늘어진다. '오늘 못하면 내일 하지 뭐…'라는 귀차니즘이 발동하는가 하면 몇 페이지도 넘기지 못했는데 벌써 눈이 감긴다. 잠자리에 들면 묻어 두었던 게임 캐릭터들이 튀어나와 내무반 천정을 이리저리 뛰어다닌다. 많은 생각을 해야 하는 책들은 손이 가지 않는다. 글자들이 눈에 잘 들어오지 않고 자꾸만 눕고 싶고 인터넷 서핑이 어른거린다.

마음은 자꾸 움직이라지만 몸이 거부한다. 짬이 차서 기합이 조금씩 빠지더니 의지력도 반감되었나 보다. 해안 소초이다 보니 과업도 딱히 없는지라 시간이 넘쳐나 운동은 꾸준히 하고 있는데 공부가 집중이 안 된다.

책장을 덮고 심기일전해서 그동안 영창에서 읽었던 책을 다시 꺼내 독후 소감들을 정리하기 시작했다. 영창 안에서는 기록은커녕 개인적 일기도 쓸 수 없는 규칙이 있어 그동안 머릿속에만 담아뒀던 생각들을 불러오기란 여간 어려운 일이 아니다. 실무 때와 다른 환경에서 읽은 책들이라 그 느낌도 절실했는데 아마도 사회에 나가서도 느껴보지 못할 감정들이리라.

연대 지침으로 우수 독후감을 3명 뽑아서 포상 3박 4일을 준다니 계속 도전해본다. 무슨 기준으로 심사를 하는지는 모르지만 3번을 도전했다. 내 필력이 그렇게 형편없는지 아니면 정신집중이 덜 되어 있는지 아무튼 세 번째 투고를 끝으로 나는 그만 포상 휴가를 접었다. 그래도 독후감을 쓰거나 일기를 쓰는 것이 필력 향상에 도움이 된다 하니 내가 하는 짓이 허공에 삽질하는 노력은 아닐 것이다. 나름 슬기롭게 말년을 잘 보내고 있다고 스스로 위안 삼았다.

해안경계대대 근무 6개월은 정말이지 시간이 빨리 갔다. 하루의 1/3이 오침, 1/3이 근무를 서고 매일 이것저것 하다 보니 시간이 빨리 가는 걸까. 하긴, 임무의 특성상 주말도 평일과 다를 바 없었으니까. 사단에 다시 복귀할 때도 기수빨대로 잘라서 선발대에 올라 제일 먼저 도착해 다른 이들보다 5일 정도의 시간을 누릴 수 있었다.

병장이 되고 바뀐 변화 중에 가장 마음에 드는 것은 편한 일이 있으면 우선순으로 배려받는 것이다. 더불어 이러저러한 총괄적인 역할을 내게 맡기는 경우가 많은데 이는 내가 곧 갈 사람이라는 것을 의미한다. 말을 꺼낼 때 10명이 넘는 후임들이 고개를 동시에 드는 장면은 내 전역이 얼마 남지 않았다는 사실이 가장 피부에 와 닿는 순간이었다.

전역이 2개월 남짓 남았을 무렵 마지막 휴가를 나갔다. 전역 후

복학까지는 많은 시간이 남았기에 복학 시기에 맞춰 지원했으나 연이은 3
번의 낙방으로 6월에 제대하게 돼 복학 시기를 넘긴 연유로 지역 인터넷 신문
에서 모집하는 청년칼럼니스트 모집에 지원서를 냈다. 다행히 내
필력을 인정해줬는지 다양한 직업을 가진 6명과 함께 순차적으로
신문에 칼럼을 올릴 수 있게 되었다.

휴가 복귀해서 군대에 대한 칼럼을 2개 정도 썼다. 그 와중에
신문사 편집실과 오가는 검토와 재검토의 과정은 일반적으로 쓰
는 글귀들과 칼럼은 엄연히 다른 성질의 것이라고 깨닫게 되었다.
글쓰기가 조심스럽고 더 많은 책을 읽고 공부가 필요함을 느꼈다.

친근한 구어체는 제한되어야 했고 그 자리엔 문어체가 자리했
다. 거기서 조금 더 유동적인 문맥을 만들려면 구어체와 문어체
가 적절한 조합을 이루어 가볍지 않되 적절한 표현을 준수해야
했다. 칼럼을 쓰는 것은 군대 생활을 벗어나 사회와의 연결이 머
지않았다는 사실을 직접적으로 알려주는 활동이었다.

사단에 복귀한 지 얼마 지나지 않아 내 기수는 사단킹이 되었
다. 말 그대로 사단 내에서도 내 위의 기수는 한 명도 존재치 않
는다는 뜻이다. 짬이 한참 낮을 때는 이 시점이 되면 이것도 해
보고 저것도 해보고 휘두를 권력?에 설레었지만 막상 되어보니
별것 아니었다. 오히려 사회로 나가야 한다는 두려움과 위기감이
어둑시니마냥 커져서는 기쁨과 불안감이 교차했다. 오로지 나에
게만 집중하는 시간이었다.

같은 기수인 7명의 동기들과 내 전역 날짜는 같지 않다. 영창

15일의 시간만큼 내 전역은 미뤄졌기 때문이다. 같은 날, 같은 시에 전역을 함께하지 못한다는 사실이 애석하지만 보름 늦은 전역은 천재지변이 없는 한 내게도 다가올 날이다. 때문에 들떠 있는 동기들이 부러울 뿐 그다지 큰 위축감은 없다. 반면, 후임들과 함께할 수 있는 시간이 늘어났으니 그들에게 더 좋은 선배의 모습을 남기고 가리라. 돌이켜보면 태어나서 꼭 한 번은 하고 싶었던 공수훈련을 경험했고 포병, 보병, 작전병, 해안경계임무 등 다양한 임무를 맡아봤으며 자기계발시간도 부지런히 챙긴 길지만 의미있는 시간들이었다.

그래서 간간이 후임들에게 '나는 너희 때 이래 봤는데 좀 아니더라, 이건 이렇게 하는 게 좋더라.'는 조언들을 해주는데 녀석들은 한쪽 귀로 전부 흘려보내는 모양이다. 하늘 같던 선임의 말도 귓등으로 듣는 후임들을 보니 이제 정말 갈 때인가 보다.

"누구나 해병이 된다면
나는 결코 해병대를 선택하지 않았을 것이다"

『통섭의 식탁』

최재천 저

21세기 청년들이 갖춰야 할 교양, 통섭

해안경계대대 임무를 나간 지 어느새 한 달이 흘렀다. 하루에
8시간 근무 투입도 나름 적응이 된 후에 처음 잡은 책이 「통섭의
식탁」이다. 통설, 통보란 말은 들어봤어도 통섭이란 단어는 어색
한 단어였다. 통섭은 한쪽으로만 치우치는 것에서 벗어나 다양한
여러 가지 지식을 한데 묶어 새로운 것을 만들어 내는 의미로 쓰
이고 있다. 자연과학자 최재천 교수가 독자들을 위해 마련한 과
학·인문 도서 감상문이다.
　작가는 이 책을 통해 간접적으로나마 과학을 어려워하는 사람

들에게 다가갈 수 있는 용기를 주고 싶었다고 했다. 또한 21세기에는 모든 학문에 능통한 통섭형 인재가 돼야 하니 그에 필요한 독서목록을 준비했단다. 너무 전문적으로 보이는 과학도서 같은 경우는 제목만 봐도 읽고 싶은 마음이 뚝뚝 떨어지기에 사람들의 관심에 멀어져 있는 게 현실이다.

우선, 다른 분야와 너무 동떨어져 있고 과거의 흔적을 되짚어보다가 끝에 결론을 내리는 식이라 교과서를 읽는 기분에 재미가 떨어진다. 더군다나 유전이나 인공지능 같은 주제를 다루는 책들은 주체의 메커니즘도 이해하기 힘들뿐더러 배경지식이 있지 않은 이상 독서는 소경이 벽 더듬듯이 더디게 진행되니 인내를 갖고 읽는 수밖에 없다. 작가가 이런 어려움을 딛고 어떻게 독자들을 설득할 것인지 궁금하다.

제목도 식탁이니만큼 목록도 가벼운 책부터 어려운 책 혹은 다양한 장르의 책을 코스 요리에 빗대어 에피타이저부터 만찬까지 나열돼있다. 작가는 취미도서만 편식하는 독자들과 배움의 자극이 필요한 독자들에게 기획독서를 제안했다. 무조건 과학에 관련된 책만 있는 것은 아니라는 소리다.

작가의 화술과 자칭 음식들을 해치워 나갈 때마다 언뜻언뜻 내비치는 사회의 무지에 대한 비판과 풍자는 책에 더욱 집중하게 만들었다. 군데군데 다소 전문적인 지식을 요하는 과학도서를 풀이한 구간이 있었는데 독자가 관심이 있으면 같이 읽어보라며 관련된 도서들도 추천해줘서 작가의 어마어마한 독서량을 짐작케

했다.

　진화생물학자인 작가의 학문특징을 보더라도 다독은 불가피한 일이었을 것이다. 작가의 바람이 독자의 지식의 확장과 통섭에 있는 만큼 과학도서의 해석엔 우회를 반복하거나 기획독서를 권유하면서 가르침에 힘썼다. 한 주제당 글이 긴 편도 아니라서 자투리 시간을 이용해 읽었다. 작가가 읽어둔 책들의 발자취를 음미하는 것도 나름의 재미였지만 무엇보다도 그의 교육지론에 마음이 끌렸다.

　작가는 알게 모르게 터득하는 배움이 진정한 교육이라고 강조했고 교육의 대상인 작금의 청년들이 기획독서를 통해 전문적인 지식들을 솜이 물을 빨아들이는 것처럼 흡수하길 원했다.

　우리는 지금껏 주입식교육에 익숙해져 누군가가 가르치는 것을 별 위화감 없이 받아들였고, 때문인지 비판의 자세를 잊어버려 무조건적인 수용만 하고 살았다. 그로 인해 지식을 받아들이는데 있어 여과장치가 퇴화돼 가짜뉴스에도 휘둘려 상대와의 불통을 초래하곤 했다.

　하지만 책의 매력은 항상 마무리에 등장하는 '왜'라는 방지 턱에 있다. 때문에 우리는 책을 읽고 나서 그의 결말에 의문을 품고 개개인마다 다른 결론을 내놓기도 한다. 그리고 각자의 결론에 다다르기까지의 과정에 우리는 책의 지식들을 어려움 없이 대입과 증명을 반복하며 알게 모르게 사용하게 된다. 소설 같은 취미독서로는 이루어질 수 없는 과정이다.

그래서 작가는 기획독서, 새로운 분야에 대한 도전을 요리에 빗대어 음미해보길 권하고 그것이 앞으로의 우리들이 가져야 할 배움의 자세라고 말한다. 동감한다. 이병 때부터 일병 6호봉까지 책은 내게 균형과 지식의 통합, 사건에 대한 다양한 시각을 가질 수 있게 도와줬다. 기획도서는 배움을 목적으로 하는 학생들에게 최적의 처방전일 것이다.

제목은 흥미롭지만 이름도 낯선 교수의 독후감이 300쪽 넘게 실린 책을 쉽게 읽어볼 용기는 나지 않을 것이다. 하지만 배움을 원하는 사람들에게 있어 작가의 책 자체로도 기획독서의 첫 관문과도 같았고 심화로 나아가기 위한 연습이었다.

훗날에 어느 직종에 종사하든지 통섭은 필수불가결의 과제다. 사업을 하더라도 자기 분야의 전문성만이 성공을 가져오는 게 아니라 그에 관한 마케팅, 통계, 하다못해 지리적 요건들까지 계산에 넣어야 고객의 마음을 사로잡을 수 있다는 것이다. 21세기는 통합과 융합의 시대다. 과거와 현대, 전기와 석유, 사회와 과학 등은 서로의 경계를 넘나들며 듣도 보도 못한 결과물들을 잉태하고 있다.

이 같은 시대를 살아가고 또 이끌어야 할 우리들에게 통섭은 권장이 아니라 필수여야 하고 계속된 단련으로 내공을 쌓아야 한다. 미래의 현실이 와 닿지 않던 내게 통섭의 식탁은 원효대사의 해골물처럼 달콤쌉싸름한 깨달음의 음식이 되었다.

『징비록』
류성룡 저

시대를 관통하는 자기반성의 힘

　입대하기 전, 아버지가 보시는 주말 사극으로 〈징비록〉이란 드라마가 있었다. 김상중이 류성룡 역을 맡았는데 연기력은 둘째치고 괜히 감정이입을 해서 당시의 상황에 답답함과 분노를 느꼈던 기억이 있다. 임진왜란은 이순신 장군부터 시작해서 영화나 사극의 배경으로 많이 등장했는데 불현듯 드라마로 필터링하기 전의 생생한 현장을 보고 싶었다.

　학생 때 국사를 배우면서 임진왜란 당시의 상황에 대해 배우기는 했다. 그러나 사실과 수치의 나열로만 담담하게 서술한 글로는 공감하긴 힘들었고 이해를 돕기 위한 이야기들은 그저 괴팍한 소문으로만 여겨질 뿐 별다른 감흥은 일어나지 않았다.

　그러던 중 진중문고에 채택된 책으로 『징비록』이 부대에 보급됐다. 궁금하기도 했고 아버지가 보셨던 사극도 나름 재미있었는지라 읽고 싶은 마음이 들었다. 한편으론 최초로 우리 조상들이 잘못을 반성하고 미래에 교훈을 주기 위해 가식과 과장 없이 쓰여진 책이라니 고전에 대한 거부감도 덜했다. 과거 우리 조상들은 임진왜란 때 어떤 잘못을 범했는지, 지금의 우리가 이를 통해서 얻을 수 있는 건 무엇인지 내가 생각하는 시대적 고민과 어떻게 부합하는지도 궁금했다.

류성룡은 임진왜란을 겪고 나라 안팎의 상황을 냉철히 보지 못한 부주의와 소모적인 종파 갈등, 태만했던 당시의 작태를 통렬하게 남겼다. 오랜 평화는 평온과 행복을 가져왔지만 동시에 부패와 나태를 키웠다. 이이의 '십만양병설'은 폭풍전야 같던 일본의 분위기를 고려한 대책임에도 이를 간과했던, 오랜 평화로 위기감을 상실한 왕과 이를 이용한 파벌싸움에 눈이 먼 신하들을 설득하긴 역부족이었다.

결국 연패를 당하고 조정은 아시아 열강들에게 휘둘리는 모욕적인 상황까지 가게 된다. 난세에 영웅은 여럿 탄생했지만 절망적인 상황에서 실로 피부에 와닿지 않는 희망이었다. 혼자 힘으로는 아무것도 바꿀 수 없었던 류성룡은 답답함만 쌓인 채, 외교에 힘쓰다 전쟁이 끝나자 후대를 위하고자 세심한 것까지 기록하며 교훈이 될 수 있는 책을 남겼다. 글 속에서 전쟁 중 명나라의 원조를 받으면서도 입장만 다른 이방인들이 주는 폐해에 류성룡의 복잡한 심경이 드러난다.

지금 우리는 부패와 국기문란으로 어지러운 시기를 지나가고 있다. 그 원인이 어디에 있든지 한 나라를 책임지고 있는 위정자들의 바른 정신과 청렴한 책임감은 시대를 막론하고 요구되는 기본자세. 권력이란 영원한 것이 아님에도 그 끝을 생각지 않고 국가와 국민을 분노와 갈등 속으로 몰아간다면 그 분열의 책임은 당연히 권력이라는 무기를 휘두른 위정자에게 있다.

당시의 가장 큰 문제점도 권력에 치우친 관료주의로 인한 소통의 단절을 들 수 있다. 책임을 다하지 않고 도망쳐 버린 몇몇 장수들의 죄도 크지만 앞서 원인을 제공한 권력의 일방성과 편협함이 더 큰 문제로 보였다. 이는 일의 진행에도 방해될뿐더러 다양한 혁신의 길도 막아버리는 폐단을 낳았다.

우리는 비슷한 실수를 반복하며 전쟁과 평화의 시대를 번갈아 살아왔다. 깨치지 못한 국민의 잘못이든 역사를 통한 반면교사에도 불구하고 같은 역사를 만들어내는 권력자의 욕망이든 우리는 지금 정치권력에 휘둘린 야만의 시대를 넘어가고 있는 중이다. 징비록은 어쩌면 이 시대가 요구하는, 다시 조명받아야 하는 통렬한 반성문일 것이다.

21세기의 대한민국도 임진년의 조선과 다를 바 없다. 종파는 정당으로, 한반도 윗지방이 주적으로 변해 선을 사이로 대립하고 있고, 결코 우방으로 볼 수 없는 동·서양의 나라들이 다양한 방법으로 한반도에 영향을 주고 있다. 정복수단을 대표하던 무기가 방어수단이 되었지만 발전된 과학과 단합된 사회, 높은 경제력이

국가를 지키고 강성하게 만드는 수단이 되었다.

덕분에 적을 대하는 우리의 방식에도 변화가 생겼지만, 마음가짐만큼은 『징비록』의 교훈에서 크게 벗어나지 말아야 한다. 과거의 대립처럼 당장 눈앞의 이익만 쫓다 보면 개인에게나 나라에게나 눈 뜨고 코 베이는 억울한 상황이 연출될 수 있다는 사실을 염려에 두고 행동해야 한다.

반면에 너무 무겁게 생각할 필요 또한 없다. 나 같이 평범한 국민은 그저 독서를 하고 공부를 하는 것으로도, 자신의 소중한 한 표를 행사하는 것만으로도 애국을 위해 힘을 보탤 수 있다. 또한 용비어천가만 노래하기보다는 동조와 협력과 때에 따라 날카로운 비판도 서슴지 않아야 한다. 현명한 위정자는 아픈 말에 귀 기울여 튼튼하고 평화로운 국가를 만들어 왔다는 역사적 사실들을 알고 있을 것이다. 이러한 자유로운 분위기는 부정적 결과보다는 반성과 반추로 이어지고 결국에는 발전과 변화를 가져온다고 믿는다.

작은 파동으로 시작된 변화는 커다란 파도를 일으키기도 하고 무시무시한 산사태나 해일, 지진 같은 천재지변을 일으키는 단초가 되기도 한다. 영화 〈관상〉에서 송강호는 권력에 희생된 아들의 죽음을 경험하고 이렇게 말한다. '사람의 관상만 봤지, 시대를 읽지 못했다. 나는 파도만 봤지 그 파도를 일으키는 바람을 보지 못했다'고. 자신의 힘을 키우고 안팎으로 눈을 돌려 되돌아보고 내다보며 준비하는 태도가 『징비록』이 원하는 자세에 가깝지 않을까.

임진왜란의 영웅은 이순신 장군만 있는 게 아니다. 신립 장군이나 여러 의병장들 외에도 붓으로, 열강들에게 당당한 외교로 자존심을 지키면서 백성을 위로하는 데서 류성룡은 확실히 영웅이었다. 역사를 앎으로써 과거의 실수를 답습하지 않는 것이 역사를 배우는 목적이라면 『징비록』은 교육이념을 충실히 따랐다고 할 수 있다.

『징비록』은 드라마에서, 국사책에서, TV역사프로에서 나왔던 일본인·중국인의 만행과 그로 인해 피폐했던 우리 조상들의 실정을 적나라하게 드러냈다. 역사를 알아야 미래를 알 수 있고 준비할 수 있다던 선조들의 말씀이 자못 이해가 갔다. 책을 읽고 나니 그동안 찾아볼 수 없었던 애국심이 내 안에도 자리하고 있었음을 느낀다.

그 마음이 크든 작든 숨어있는 불씨를 되살리고 싶은 용심이 생긴다. 거창한 구호나 행동은 아닐지라도 마음속에 작은 불씨 하나 켜 놓는 것으로도 시작은 충분하지 않을까. 역사를 통해 배울 수 있는 패배의 치욕과 설움, 그로 인한 반성의 필요성을 『징비록』은 부끄러울만치 세세히 기록하고 있다. 조상들의 뼈아픈 교훈을 발판삼아 오늘날 21세기 징비록을 다시 써야 하는 시대는 아닌지 반성해 본다.

『무의미의 축제』

밀란 쿤데라 저

무의미의 재해석

이병 때부터 지금까지 꽤 많은 책을 읽었다. 장르를 가리지 않고 읽었던 것 같다. 소설, 수필, 과학, 사회, 경제 등등…. 머릿속에선 들어오는 정보를 정렬하다가 잠시 소강상태에 이르렀고 어쩌다 책 한 권을 보게 됐다.

『참을 수 없는 존재의 가벼움』의 저자인 밀란 쿤데라의 이름이 적혀 있었는데 책의 내용이 무엇이 됐건 어느 정도 품질은 보증이 된 셈이니 읽을 가치는 충분할 것이다. 『무의미의 축제』. 듣기만 해도 어마무시하게 심오한 철학이 담겨져 있을 것 같은 제목이지만 엄지와 검지 사이의 '요만큼'도 안 되는 책의 두께에 손과 마음이 가벼워졌다.

대충 사사삭 훑어보니 모종의 철학적인 소제목과 단편으로 나뉘어져 있어 어렵게 이어갈 책은 아닌 것 같았다. 심오한 제목에 미리 겁을 집어먹을 독자들을 위해 작가가 준비한 전략일까.

그의 작품 『농담』에서 역사의 실수에 대한 농담을 했듯이 이번에는 책의 두께와 제목의 역설적인 관계에 있어 농담을 한 것인지는 모르겠지만 축제를 어떻게 꾸며놓았는지 궁금했다. 무의미한 것들이 모여 축제를 이룬다는 게 도통 연관이 지어지지 않는다. 축제와 무의미는 서로 상극에 있는 단어 아닌가.

시작은 주인공들의 등장이다. 여타 소설처럼 미리 설정해놓은 배경에 인물들이 살고 있어서 그들을 조명하는 것이 아니라 원래 있던 세상에 주인공들의 출연으로 스토리가 전개된다. 사실 스토리라 말하는 것도 민망하다. '스토리'는 인물들의 지극히 시답 잖은 망상과 꼬리를 무는 생각의 나열이고, 사건이라고 하기에는 부족한 일상적인 일들의 연속이다.

그럼에도 불구하고 그들의 가십은 모른 척 지나가기 힘들다. 애매한 주제들이 많은데 이것들을 단순히 '무의미'로 치부해버리면 무언가 내면에서 찜찜함이 남기 때문이다. 그러나 찜찜함을 고수하자니 마치 스스로에 대한 일종의 지성의 배신으로 느껴지고 자신의 자존심으로 가려왔던 무지가 수면 위로 드러나는 것 같아 책의 내용을 글자의 나열로 해석한다면 괜스레 내가 무식해 보인다.

바로 이점이 독자들을 난처하게 만드는 부분이다. 늙은 치매환자가 벽에다 그려대는 낙서로밖에 안 보이는 소설을 가지고 누군가에게 어색한 미소를 띠며 '오, 훌륭한 책이야.'라고 말하는 자기기만이 상당히 불편하니까. 이쯤 되면 머리가 굉장히 복잡해진다.

도대체 작가가 이러한 사건들로 하여금 우리에게 주고 싶은 영감이 뭘까. 작가가 펼쳐놓은 무언가 똑똑해 보이지만 앞뒤 없는 이야기들이 메시지를 추리할 수 있는 좋은 단서가 되었다.

누구는 지인에게 허언을 해서 받은 연민과 관심으로 하루를 즐기고, 누구는 사람들에게 되지도 않는 거짓말 같은 연기를 하며 얻은 친구로 하루를 즐기며, 누구는 입담으로, 누구는 여자를 꼬시는 능력으로 하루를 즐기며 산다.

사실 이런 것들은 살다 보면 핑계를 댈 것 없이 누구나 한 번쯤은 해봤을 것이다. 혹은 그러한 자신을 상상하며 몰래 '므훗'한 미소를 머금는 경우도 종종 있을 것이다. 그리고 꽤나 고지식한 사람들은 이런 것들을 흔히 무가치, 무의미하다고 말한다. 가슴에 손을 얹고 말하자면 책을 읽던 독자도 같은 생각을 했을 것이다.

작가는 이러한 무의미들을 모아 주인공들의 하루를 만들어 냈다. 무의미의 축제는 우리의 일상이었고 친구, 가족은 물론이고 날씨, 시선, 오늘 나의 컨디션 등 직간접적으로 우리들과 고리 지어진 모든 것들을 어루만져 하루를 포근하게 만드는 요소였다. 과연 무의미한 것들이 모여 나의 하루를 꾸며주니 축제라는 단어가 어색한 표현은 아니었다.

작가는 우리의 머리와 귀를 스쳐가는 맥락 없는 이야기들이 모여 소중한 하루를 만드는 것이라고 말하고 있다. 작가에게 직접 물어볼 수는 없지만 적어도, 무의미한 것들이 꾸며주는 하루의 행복이 틀린 답은 아닐 것이다.

독서시간이 90분도 채 되지 않았다. 작가가 내게 주는 메시지는 흩어져 있었으나 포괄적이었고 분석보다는 공감과 이해를 원했다. 아마도 자신의 하루를 낱낱이 분석하는 사람은 없을 거라고 본다. 책의 스토리에 무의미의 탈을 벗기고 바라보니 모두가 우리들이 살아가는 아름다운 하루였다.

지금 나의 생활도 이러한 시선으로 보면 참으로 아름다울 것이다. 군대에서 매일 아침 일어나 작업하고 삽질하는 일련의 행위들이 타인의 시선으로 보면 무의미한 몸짓으로 보일 수 있지만 낱낱의 행위들을 하나의 액자상태로 담아 보면 꽤나 강렬한 美가 아니겠는가. 물론 이것은 혼자만의 생각이지만 부디 아름답기를 바란다.

끝이 보이지 않는 군생활도 언젠가는 마칠 것이고 후에 되돌아볼 순간에 하나하나의 이상적인 무의미가 축제를 이루어 내게 흐뭇한 미소를 짓게 만들기를. 군인이 아니면 경험하지 못할 소소한 일들로 하루하루를 꾸려가며 전역의 날을 손꼽아 기다리는 오늘 하루도 훗날 축제를 이루는 한 결이 되어 있으리라.

『빵만으로는 살 수 없다』

이어령 저

문학으로 읽는 성경

해안경계 임무를 끝내고 복귀한 부대는 새로운 느낌으로 다가왔다. 이전에는 보지 못했던 주변 풍경들이 새삼스레 눈에 들어오고 책꽂이에 꽂힌 책들은 주인을 기다리듯 나를 반겼다. 그중 이어령의 『빵만으로는 살 수 없다』가 탑처럼 쌓아놓은 책들 사이에서 눈에 띄었다.

그리고 보니 예전 부대에서 이어령의 책을 어디선가 본 것 같다. 『디지로그』나 『언어로 세운 집』이었을 것이다. 후자는 잠깐 살펴보았는데 내용이 너무 어렵고 무언가 프로페셔널해서 대충 훑고 나서는 '아, 작가는 천재구나.'라는 생각과 함께 마음에서 지워버린 기억이 난다. 문학인, 국문학 교수, 기호학자인 저자에게 기가 눌렸는지, 아님, 기호학이라는 수사에 겁을 먹었는지 아무튼 그랬다.

이어령 작가의 다른 책들도 제목부터 지적이고 창의적인 기운을 물씬 풍겼으나 나의 관심을 사로잡지는 못했다. 그런데 이번은 달랐다. '빵'에서 약간 인도적인 느낌도 나고 크리스천의 느낌도 나며 빵이 없으면 케이크를 먹으라던 18세기 프랑스 왕비 마리 앙투아네트도 떠올랐다.

같은 제목으로 이미 소련 작가 B.두디체프가 소련의 모순된 사회풍조를 신랄하게 비판한 작품도 있으나 이어령의 작품은 성경을 쉽고 재미있게 풀어놓은 책이다. 이는 기독교의 교리가 세계 각국의 사람들에게 어떻게 해석이 되었는지, 해석의 차이로 일어난 나비효과가 무엇인지, 진정한 바이블의 뜻이란 어떤 것인지에 대해 꽃, 빵, 눈물, 아버지, 제비, 낙타 등 성경에 등장하는 상징적인 아이콘들을 등장해 풀이해 놓았다.

작가는 예부터 크리스천은 역사와 문화코드가 다른 사람들에게 바이블의 순수한 뜻을 각기 번역하고자 노력했다고 밝히고 그러나 '번역자는 반역자다'라는 말답게 어느 한편에선 크리스천을 배척의 종교로, 독선적이고 교조적인 인간들이 꾸며낸 허영의 산물로 비춰졌다고 설명했다.

그는 이러한 오인의 원인 중 하나가 나라마다 각각의 문화 차이를 고려치 않은 번역에 있다고 봤다. 예를 들면 우리나라 19세기 당시 빵을 떡으로 번역해 이야기했기에 번역에 오류가 있었다는 것이다. 서양의 주식은 빵이지만 동양의 떡은 잔치나 집안의 경사가 있을 때 먹는 의례적인 음식이었으니 쌀을 주식으로 했던 조상님들에겐 목자 아들의 가르침이 가슴에 박힐 리가 없었겠다. 그러니 우리나라뿐 아니라 초기 기독교를 배척하고 박해하는 태도는 미진한 번역으로 인한 오해가 컸으리라.

이에 대해 종교인들은 단지 어깨를 으쓱하고는 고개를 절레절레 흔드는 것으로 끝내는 게 아니라 그 나라의 역사적 배경과 문화적 정서에 대한 공부가 선행돼있어야 한다. 사랑과 믿음을 가장 큰 덕목으로 치는 기독교 교리에서 범인凡人 들에게 실속 없이 허황되고 근거 없는 믿음을 강요하는 것처럼 비춰져서는 안 되며 그 나라의 문화의 장벽을 넘어서는 현명함으로 전파되어야 한다는 데 생각이 같다.

사람과 신 사이에선 특별한 절대적인 기준이 있을지 몰라도 인간과 인간 사이에선 사랑과 믿음 이전에 이해라는 전제조건이 깔려야 한다. 작은 것 하나로도 그 사람의 이미지가 탈바꿈되듯이 전제가 충족돼야 기독교 역시 새롭게 다가갈 수 있지 않을까 싶다.

작가는 바이블을 시학으로 분석하고 인간의 그릇을 넘는 사랑에 대한 구절을 조목조목 짚어주며 독자들에게 설파한다. 하느님이 이뤄낸 기적들, 이를테면 오병이어五餅二魚 같은 기적은 인간의 생리적 한계에 맞춰 사람 수대로 늘어나는 빵을 이야기하는 것이 아니다. 이는 영혼에게 주는 빵양식 이고 우리에게 '진실로, 진실로 이르시게' 하는 기적이라는 것이다.

확실히 그분의 말씀이 주옥같음이야 모두가 알고 있다. 더불어

돌아온 탕자들도 한결같은 무게의 사랑으로 품으니 성품이야 말할 것도 없다. 욥기나 예레미야애가를 통해 드러난 그분과 우리의 거리감은 자연스레 경외감을 갖게 한다. 여기까지야 모든 종교의 공통분모이니 문제 될 건 없다.

그러나 문제점은 불교의 수많은 종파나 개신교의 장로회 등 여러 계파를 만들어 신의 다양한 모습을 이끌어낸 데 있다. 신을 마치 빅브라더로 포장한 채 하늘 아래 인간들이 시비를 따지며 반목하는 모습은 일부 무종교인들에게 부정적인 편견을 갖게 했다. 질투와 반목, 배신과 미움 등은 신의 영역이 아니다. 나 역시 성경을 인정하지만 그 뜻을 더 진실로, 진실로 이르게 하는 종교인들은 보다 폭넓은 사고로 단결과 통합을 먼저 생각해보아야 하지 않을까.

종교에 대한 책은 그다지 좋아하지 않는 편이다. 바이블 어디어디 몇 구절 몇 절의 문장을 하나하나 늘이고 번역하는 데서 살짝 오글거리고 무언가 속박되어있는 느낌이 든다고 해야 하나. 불교 경전도 나름대로 복잡하고 어렵기는 마찬가지다.

하지만 이어령의 글은, 신을 너무 찬양하지도 숭배하지도 않는 담담한 어투로 약간의 비판과 함께 신의 사랑과 자신의 믿음을 고백하는 데서 마음을 이끄는 마력이 있다. 하물며 그의 연금술사 같은 문학적 감수성과 문장력은 딱딱한 주제에서도 그 빛을 발하고 있다. 이 책을 읽으면서 잠시 바이블을 제대로 읽어볼까 하는 생각까지 튀어나왔으니까.

신의 사랑과 말씀, 존재는 진리였지만 사람은 빵만으로 살 수 없듯이 진리만으로도 세상이 구현되지는 않는다. 서장에 작가가 말이 부족해 글로, 글이 완벽하지 못해 말을 해야 하는 것이 손에 펜을 쥔 자의 숙명이라 했다면, 종교인들은 이미 신의 필력으로 쓰여진 바이블을 끊임없이 말로 풀이하고 행동으로 증명하는 것이 주어진 숙명이 아닐까. 다소 거창하지만 사형장까지 십자가를 짊어지고 가는 예수를 가슴에 새긴다는 각오로 말이다.

6장 | 기수에도 없는 기수, 똥병장

· 15일의 잉여시간

이 시기에 읽은 책 중에서

『위대한 설계』 – 스티븐 호킹

『멋진 신세계』 – 올더스 헉슬리

『인공지능과 딥러닝』 – 마쓰오 유타카

15일의 잉여시간

兵120期의 전역식인 5월 23일, 날씨는 내 마음만큼이나 우중충했고 기뻐하는 동기들 사이에 유독 씁쓸한 표정의 나는 버스를 타고 떠나가는 동기들의 모습을 보며 애처롭게 손만 흔들었다.

조금만 더 고생하라고, 자기들은 먼저 간다고, 잘 놀다 오라는 말들이 귓속에 하나도 들어오지 않았다. 녀석들의 빳빳한 팔각모가, 휘황찬란한 전역복이 나의 빛바랜 전투복을 놀리듯 유난히 번들거렸다. 내 전투복에도 전역마크는 붙어 있었지만 동기들을 보내고 부대로 복귀함과 동시에 다시 떼여질 운명이었다. 15일을 더 군대에 있다는 생각을 하니 괜스레 몸서리가 처지고 과거의 실수가 후회막심하다.

솔직히 따지면 이제는 사단에 없는 기수에게 무언가를 시킬리야 만무하겠지만 군대는 예측불허의 가능성들이 소용돌이치는 곳. 아무것도 안 하는 똥병장 한번 부려 먹겠다고 간부들이 눈독을 들이고 달려들지도 모를 일이다.

한편으론, 사회로부터의 유예기간을 15일 더 받았다고 생각하면 그것은 나름대로 다행인 일이었다. 물론 군대보다 사회가 훨씬 좋지만 사회에 나가면 다시금 나의 진로와 학업, 여러 잡다한 고민들을 모두 떠안고 새로 시작해야 하니 약간의 두려움도 있다.

책을 출판하는 일 외에도 진로에 대해서도 어느 정도 윤곽은 잡아놨지만, 세상은 두루뭉술한 이야기들을 싫어한다. 더 확실하고 뚜렷한 목표와 구체적인 계획을 원하는 현실과 스스로도 만족할 수 있는 자신이 될 수 있도록 성취해 나가야 한다. 그러기 전에 잠깐 15일의 시간을 갖는다는 건 꽤나 매력적이지 않겠는가. 사회가 보장해주는 힐링타임이라고 생각했다 물론 내가 잘해서 받은 시간은 아니지만.

지난 21개월을 돌이켜보면 지독하리만큼 스스로에게 집중했던 시간이었다. 그래선지 친하게 지낸 선후임이 서넛밖에 기억이 나지 않는다. 하나를 얻으면 다른 하나를 잃는 것이 세상의 법칙이랬던가.

지난날 나의 실력을 키우는 데 집중한 나머지 '군대에서 얻을 것은 사람'이라는 병들 사이 법칙을 정면으로 맞서버렸으니 덕분에 의도치 않게 군대에서 나는 호불호가 분명한 타입이 됐다. 이는 먼저 부드럽고 싹싹하게 다가가지 못한 내 잘못도 있다. 친해질 계기도 있었고 잠시 공부에 집중하지 못했던 시간에 선임들과 후임들과 더 뛰어놀거나 대화를 할 수 있었던 기회들이 충분했는데도 말이다.

영창 사건 이후 다른 부대로 옮겨도 나는 내 의지를 굽히지 않았다. 오히려 새로운 사람이 주는 단절감과 어색함이 싫어 점점 더 스스로에게 파고들었다. 그러다 상병이 되고 병장이 되자 후임들과 선임들에게 예전보다 친해질 수 있었지만 관계는 처음이 중요한 법이었다.

그래선지 전역을 기다리는 날이 열 손가락에 꼽는 즈음 후임 녀석들을 보면 괜히 마음이 동해 친근하게 말 한번 붙여보고 장난도 쳐보고 같이 탁구도 친다. 그렇게 모르는 놈, 아는 놈, 하나하나 붙잡아가며 매일 탁구를 치니 밑바닥을 기던 탁구 실력이 이제는 나름 상위권에 들어 실력자 후임들을 위협하는 위치까지 이르렀다.

축구도 못하고 농구도 시원치 않던 내가 녀석들과 통하는 운동이 탁구라도 있다는 게 참으로 다행이다. 그동안 사람에게 집중하지 않았던 시간들. 짧지만 15일의 기간 동안 못다 한 아쉬움이 채워질 수 있도록 후임 한 명 한 명에게 집중해서 녀석들을 내 마음속으로 받아들이고 싶다.

지난 21개월을 돌이켜보면 좋든 나쁘든 간에 나는 늘 누군가에게 배워왔던 것 같다. 어쩔 수 없이 가야 한다는 군대. 그중에서도 해병대에 입대해서 타군보다 3주나 더 긴 훈련병 생활을 보내며 육체와 정신의 한계를 느꼈다. 터질 것 같던 한계를 넘나들며 간간이 느껴지던 쾌락은 물보다 지방이 더 많았던 출렁이는 뱃살을 가진 내게 꾸준한 운동습관과 몸을 가꾸는 재미를 알려주었다.

이병 계급장을 붙이고 공수부대에 전입돼 겪은 이런저런 수모들. 당시에는 이해가 안 되고 성질이 발끈발끈 일어나는 경험이었지만 그로 인해 엿가닥처럼 늘어난 인내의 끈은 내게 사회생활의 고충과 관계에서 벌어질 수 있는 모든 가능성을 생각게 해주는 근본이 되었다.

공수훈련을 하며 500m 상공에서 느낀 상공과 지상의 상이함은 아직도 잊지 못하며 인간사의 자잘한 소요가 덧없이 느껴지는 순간이었다. 그 같은 높이에서 무릇 나란 존재도 한낱 신이 설계해 놓은 배경에 불과한 것을 절대 고요에서 깨달았다면 과장일까.

무모한 고집으로 선임·간부들과 매끄럽지 못했을 때도, 영창을 가게 될 때도 나는 끊임없이 배우고 있었다. 배려의 중요성과 원죄론의 시선으로 보는 반성의 의미, 우리 모두는 소중한 존재라 했듯이 그에 따른 존중도 필요한 공부였다.

병장이 되고 나서 눈에 들어오는 후임들의 실수와 선임들의 위치와 역할. 아랫사람 못지않게 윗사람의 위치도 머리 아픈 것이었다. 외골수적인 내 편협함에 고달팠을 선임들과 후임들과의 관계도 인생의 좋은 공부였다. 한편으로는 자신의 군대 시절을 드라마틱하게 엮어내던 선배들을 보며 나는 저러지 말아야지 다짐했는데 자부심이란 그냥 주어지는 것이 아니었다. 그들의 자부심은 곧 자신의 풍부한 경험과 축적에서 오는 에너지였음을 겸손하게 깨닫는다.

나 역시 해병임에 자부심을 느낀다. 그러나 타군을 나왔다고, 사연이 있어 군대를 가지 못했다고 그들을 무조건 무시하지는 않는다. 누군가를 배려하고 이해하고 역지사지로 생각해보는 지혜를 나는 군대에서 배웠다고 감히 자신한다. 내가 해병대에서 체득한 극한의 경험과 정신적 성장은 그 모든 편협을 껴안는 소중한 시간이었다.

전역은 차라리 손을 꼽아 기다리던 순간들이 더 극적이었다. 막상 6월 7일 아침은 평소와 다를 바 없었고 생각보다 두근거리지도 않았다. 한 가지 다른 점은 나의 두 눈과 머리였다. 평소와 비슷하게 부지런히 아침을 맞는 후임들의 동작 하나하나를, 찬란한 아침 햇살을, 사내들 냄새로 가득한 생활실을, 각 맞춰 걷는 복도를, 지린내로 항상 머리를 지끈거리게 했던 화장실을, 관물대를 내 눈은 주욱 훑고 있었다. 슬로비디오로 이 모든 광경을 담고 있었다. 주위를 둘러싼 익숙한 이런 풍경이 다시는 나의 그림 속 배경이 되지 못한다는 사실에 아직 감이 오지 않는다.

멋지게 Adios하며 걸어가고 싶지만 쿨한 이별은 항상 어려운 법이다. 나는 비교적 신중한 놈이니 이왕 가는 거 여기저기 둘러보다 간다. 스물한 달 동안 내 청춘의 한 편린이 묻어있는 이곳, 1사단 서문에 서있는 헌병에게 전역증을 보여줬더니 씨익 웃으면서 고생했단다.

사회와 군대를 경계하고 있는 저 육중한 철문. 휴가 때는 설렘에 들떠서 아무런 생각 없이 걸었던 거리가 한발 한발 사회와 가까워질수록 등 뒤로 부스스 어린 나의 허물이 떨어진다. 꿈이 의사이니 군대는 안 갈 거라고, 총 맞아 죽을 거 같아 무섭다던 10살 꼬마가 커다란 군화를 신고 뚜벅뚜벅 걸어가고 있다.

해병대에서 보낸 21개월이 나의 앞길에 어떤 영향을 끼칠지 예측할 순 없다. 번데기만 보고 나비일지 나방일지 점찍어보는 것은 섣부른 판단이니까. 그러나 나는 확신한다. 해병대에서의 21개월은 내게 나비가 되게 하는 에고와 이데아를 선물했다고 말이다. 해병대 정신과 자세로 건강한 삶에 도전할 수 있는 발판을 마련해준, 고맙다! 해병대.

"한번 해병은 영원한 해병"

『위대한 설계』

스티븐 호킹 저

우주와 생명에 대해 호킹에게 듣다

본부 중대 독서실을 기웃거리다가 우연히 건진 책. 전역한 동료들은 지금쯤 뭘하고 있을까 곰곰 생각하다가 곧 내 처지가 아프게 각인되는 날들이다. 우주니 물리니 다 떠나서 세간에서 스티븐 호킹을 모른다면 간첩이다. 그의 다른 역작들도 있지만 유난히 '위대한 설계'라는 단어가 스티븐 호킹과 함께 연상되곤 했다. 지구과학까지는 몰라도 물리는 쥐약이었던 내게는 무리가 따른 도전이었다.

그래도 다소 판타지적인 분위기의 우주물리학과 양자물리학의 조합이 글의 어려움을 완화시켰다. 나는 개인적으로 이해할수 없어 받아들이기 힘든 '어려움'보다는 심오하고 복잡한 개념을 있는 그대로 받아들일 수 있는 '난해함'을 선호하는 편이다. 일단 삼키고 난 후에 내가 알고 있는 배경지식으로 찬찬히 곱씹으면서 나름의 방식으로 이해한다면 절반의 성공은 거둔 셈이 아닌가.

양자물리학은 과거 『왓칭』이나 『시크릿』에서 맛보기로 살짝 겪어본 분야라 그리 낯선 개념도 아니었다. 또한 가슴에 손을 얹고 말하자면 무엇보다도 이 책을 읽으면 스스로가 똑똑해지고 배운 사람처럼 '체'할 수 있을 것 같은 지적 허영심도 나의 도전을 부추기는 요소 중 하나였다. 군대에서 이런 기회를 만날 수 있다는 것에 감사할 따름이다.

예부터 인간은 자신을 둘러싼 모든 만물의 법칙을 단일한 이론으로 규정하고 싶어 했다. 그러나 고대 인디언이나 탈레스부터 뉴턴과 아인슈타인에 이르기까지, 항상 그들의 이론엔 허점이 존재했고 그것을 보완하자면 정설이라 알려져 있던 과거의 이론들을 부정하고 대안을 제시해야 했다.

시간이 지나 일상적인 관측과 경험을 토대로 했던 과학에 첨단 기술이 더해지면서 정밀한 관측이 가능했지만 정밀함이 0에 가까울수록 불확실성은 무한에 다다른다는 사실을 호킹은 깨닫고 근사이론을 찾기 시작한다. 그리고 차마 이해는 불가능하지만 빅뱅부터 현재, 미래까지 아우를 수 있는 M이론을 발견한다.

가시적인 현상이 일어날 수 있는 모든 가능성 중 실현 가능성이 가장 높은 사건들만 선택해서 나타나는 것이 현재이고, 그러한 현재의 속성과 상태에 따라 과거의 선택 또한 달라질 수 있다는 이야기. 시간은 절대적이라는 공식은 필요치 않았다. 어찌 보면 과학보다는 철학에 더 가까운 이론이다. 여기서 기존의 쿼크나 DNA 등 물리화학적 메커니즘을 포함한다면 그나마 인류가 그토록 바라왔던 통일이론에 근사한 것이 아닐까 싶다.

그래도 신화 속 대별왕, 소별왕 이야기나 신이 아담의 갈비뼈를 뽑아서 최초의 여성을 빚었다는 이야기보다는 나름 설득력 있지 않은가. 미켈란젤로가 표현한 천지창조의 순간이 한낱 미신으로 치부되는 순간이다.

영화 〈인터스텔라〉에서는 블랙홀에 빠진 주인공이 시공이 펼쳐진 공간에서 과거에 메시지를 보내 인류를 구하는 장면이 나온다. 끈이론으로 보면 지구에선 보이지 않게 감겨있는 차원이 블랙홀에선 펼쳐져 실현된 셈이다.

우리가 사는 세계는 M이론대로라면 지구에서 수억 종의 생물이 살아가는데 우주는 10^{500}개의 가능성우주 중 영화에서 나온 차원이 생명유지에 부적절하다고 판단되어 감춰진 자연스런 과정일 것이다. 이는 곧 신의 선택으로, 신의 권능으로 우주가 탄생했다는 종교론에 정면으로 반박하는 일이다. 때문에 양자물리학은 과학의 필수조건인 검증에서 문제를 제기 받아왔지만, 우리가 목표를 정하고 공을 차면 늘 높은 확률로 목적지에 떨어졌듯이 이론의 예측과 결과는 동일했다.

마침내 물리도 "그래도 지구는 돈다."던 갈릴레오의 소신 발언으로 종교와 과학의 갈등을 끝내고 수면 위로 올라와 무신론의 반열에 섰다. 사실 양자물리학은 아인슈타인이나 파인만도 이를 정확히 이해하는 사람은 없을 거라고 말할 정도로 심오하고 난해한 학문이다. 스티븐 호킹의 설계는 위대했지만 끊임없이 태클이 걸리는 상황은 부정할 수 없다.

한편으론 책을 읽으면서 지금까지의 개념이 삶에 도대체 무슨 쓸모가 있는지 궁금할 것이다. 그러나 십자가를 붙들고 신께 기도하고 바이블에 언급된 절대적인 기적에 무조건 의지하는 것보다 한 번쯤 차가운 이성의 잣대를 대보는 '불경스러운' 일도 인간이라면 해봐야 되지 않겠는가. 종교론대로 M이론을 부정할 수 있는 사람이 존재한다면 우리에게 굳이 감성 말고도 이성을 부여한 이유에 대해 '왜'라는 질문을 갖고 말이다.

『위대한 설계』는 물리에 생소한 독자들에겐 다소 어려울 수 있겠다. 학창시절에 과학을 조금이라도 공부했던 사람은 몇몇 양자물리학의 상위개념을 제외하고는 대강 끄덕임 정도의 이해를 하고 넘어갈 수 있을 것이다. 그만큼 과거의 이론들이 간략하거나 쉽게 풀이돼서 결국엔 M이론으로 귀결되는, 마치 과학의 역사 강의 같은 뉘앙스다.

책을 덮고 나니 새로운 세계에 개안한 기분이다. 신기했던 종교의 우주론이 과학의 힘으로 낱낱이 파헤쳐 실상을 목격하고, 모든 현상에 '왜'라는 질문을 달게 만든다. 달리 종교나 과학이 아니더라도 질문을 하고 이론을 세우고 검증을 해보는 과정은 20대 청춘에게는 다소 번거롭지만 필요한 절차라고 생각한다.

『멋진 신세계』

올더스 헉슬리 저

불행해질 권리

전쟁, 기근, 질병, 죽음 등 인간사에서 일어나는 모든 불행과 악의 표본이라 할 수 있는 것들은 필연적으로 부와 명예, 욕망으로 귀결된다. 포괄적으로 선과 악이라는 개념으로 분리되는 이 같은 정반대의 성질은 억겁의 시간이 흘러도 서로 교집합을 찾아보기 어려울 듯하다.

살다 보면 이론과 실상이 다른 경우가 많다. 우리는 때때로 선을 위해 악을 자행해야 한다고 말하며 자신의 선이 타인의 악이 되기도 하고 심지어는 자신의 사고와 행동이 선인지 악인지 판단조차 못 하는 사람들마저 수두룩하다. 겨우 그 확률은 이분법으로 보자면 50%인데도 말이다.

따라서 선과 악은 한 줄기에 있다고도 볼 수 있다. 다만 뒤틀린 이어짐이다. 뫼비우스의 띠처럼 어느 한쪽이 뒤틀려 이어지고 시작과 끝이 전복돼 어디가 앞이고 뒤인지 구별이 안 가 우리는 생각의 모순을 겪고 괴로워한다. 그에 명확한 선을 긋기 위한 해결책으로 과학을 '발명'했지만, 인간의 난제에 대입시키기에는 너무나 불안전한 공식이다.

그래서 우리는 난처한 상황에 처했을 때 십자가의 거룩한 영혼에게로 달려가 무릎을 꿇고 두 손을 모아 소리죽여 흐느낀다. "오, 하느님" 어찌 보면 미성숙해 보이기도 하는 이러한 행동을 우리는 종교와 철학의 이름으로 정당화하고 격려한다. 이성과 논증을 필요로 하는 과학의 입장에서 보면 종교와 철학은 이단이고 타락이다. 다만 인간의 말랑말랑한 감성을 매만져 주기에는 알약 소마 반 알 만큼만 있어도 된다.

그동안 인류를 존재케 하는 수많은 삶들은 발전, 성공, 행복을 대표하는 선을 위해 필요악을 용인하며 살아왔고, 살아간다. 인간의 결핍을 채워주기 위해 이들의 존재는 필수불가결해 보인다. 하지만 헉슬리가 말한 『멋진 신세계』는 다르다. 한 마디로 뫼비우스의 띠를 과학의 예리함으로 단칼에 잘라 선과 악의 구분을 명확하게 만들었다. 적어도 '공동체, 동일성, 안정성'이라는 명제 아래에선 명확한 듯하다.

신세계는 유전자와 정신의 조작으로 사람들을 기계적인 구조 안에서 부속품처럼 만든 세상이다. 그 신세계는 원시지역과 달리 쾌락과 즐거움이 넘쳐나는 곳이다. 태생적으로 순응하도록 만들어진 시스템으로 어떤 의문이나 인간으로서의 고뇌, 저항 따위는 존재하지 않는 그야말로 갈등 없는 평화로운 세계인 것이다.

인간의 감정을 조절할 수 있는 소마 한 알로 생각 탈선과 심리 작용들을 조종하여 즉각적으로 쾌락을 줌으로써 이런 세상이야말로 유토피아라고 규정한다. 그러나 이곳에 원시인인 존이 들어오면서 이 평화는 서서히 깨지기 시작한다. 우리의 정서상 여기에 나오는 클론들은 모두 야만인이다. 인간을 만물의 영장으로 완성시킨, 감성을 배제한 것 자체가 넌센스고 불가능해 보인다.

그러나 신세계인들은 해냈고 오히려 그들이 보기에는 우리가 불안정하고 미개하다고 생각한다. 과연 우리에게 이 난제를 해결해줄 『히치하이커를 위한 은하 여행안내서』의 슈퍼컴퓨터 같은 존재는 없는 것일까. 단순히 '42'로 대답하지 않을 보다 다정한 존재 말이다.

세계통제관 무스타파 몬드는 정답은 없다고 암시한다. 존이나 헬름홀츠에게도 개개인이 세상에 적용한 기준에 따라 사회는 천국이 될 수도 지옥이 될 수도 있다. 존이 필사적으로 소마 알약들을 버리며 외친 자유는 각자의 개성이 살아있고 다양한 욕망이 뒤엉키는 세계이고, 통제관이 말하는 자유는 온갖 고뇌와 고통에서 벗어난 궁극적으로 '개인'에게서도 벗어날 수 있는 자유다. 그러나 이 자유는 인간의 존엄성은 배제된 상태임을 상기하자. 이 부분에서 당연한 결론인데도 나는 유혹을 받는다.

문득 궁금해진다. 이 책이 쓰여진 1940년대보다 지대한 발전을 이룩한 21세기의 생명공학이 지금 이들에게 정답을 알려줄 수 있을까. 아마 역사에서 도덕을 논하는 것만큼이나 어려울 것이다.

한편, 멋진 신세계에선 신에 대한 언급이 놀랄 만큼 적다. 아니, 많다고 해야 할까. 헨리 포드의 산업혁명의 신화가 사람들에게 무한한 이익과 발전을 준다는 참으로 자본주의적이고 이해타산적인 신념이 '무한한 사랑과 자비'를 대체할 그 무엇이라고 믿었다. 편파적이기도 한 죽음에 대한 두려움도 자본 Phosphorus 으로 탈바꿈시키면서 포드는 신이 되었다.

그러나 통제관은 포드가 아닌 조금 더 초월적이고 인간과 수직적인 관계를 가진 진짜 '신'이 존재한다고 말한다. 역설적으로 존재하지 않음으로써 말이다. 아마 통제관은 수십 년 전의 순수과학을 사랑하던 지금은 없는 자신의 과거에서 신의 존재를 느꼈을 수도 있고 헬름홀츠는 알파 플러스의 삶에서 느낀 이름 모를 공허함이 존재하지 않는 신의 공백 때문이라고 볼 수 있을 것이다.

나는 엉뚱하게도 통제관의 선문답 같은 신의 존재론은 정답에 가깝다고 생각했다. 소설 속 몇백 년 후의 문명인들도 신을 대체할망정 정의하지는 못했고 우리가 살고 있는 세계 역시 권선징악이나 욥의 일생, 혹은 머피의 이름에 따라서 신의 존재를 어렴풋이 '느낄' 뿐이다. 즉, 과학보다 인간의 감성이 우리를 신과 닿을 수 있게 한다. 우리가 가진 감성은 무언가와 소통하게 하고 절실한 존재로 만든다.

그러므로 과학은 철저한 기계화가 아니라 인간의 감성이 어우러진 정신과 물질의 조화여야 한다. 단순히 기술과 능률에만 집중한다면 신세계 속 문명인과 같이 인간은 '고깃덩어리'일 뿐이다. 물론 그들이 이뤄낸 평화는 유래 없는 성과지만 평화가 오로지 행복이라는 등식으로 성립할 수는 없다. 버나드가 자신의 개성을 못 이겨 괴로워했듯이 감성을 죽이고 동일성으로 포장한 발전은 바람직하다고 할 수 없다.

올더스 헉슬리가 보여준 『멋진 신세계』는 끝없는 발전 속에 몰수된 가치가 무엇인지, 그 과정에서 지켜야 할 인간 본연의 선악은 무엇인지 되돌아보게 하는 미래소설이다. 작가가 풀어놓은 대화를 읽다 보면 신세계의 문명인들에게 오로지 윤리에 입각한 시각으로만 비난하고 침을 뱉는 것에 대해 다시 생각해 보게 된다. 헉슬리는 미래인간상에 대한 질문을 던졌지만, 우리가 받은 것은 과거와 현재의 인간상에 대한 고뇌다.

『인공지능과 딥러닝』

마쓰오 유타카 저

상상을 상상하게 하다

후임들은 누구도 나를 부르거나 찾지 않고 장교들도 급하게 부를 일이 없어진 말 그대로 잉여인간인 나. 책 읽기도 시들해지고 자연스레 게을러졌음을 문득 깨닫는다. 일·이병 때만큼의 열정은 찾을 수 없었다. 권태기에 빠져 생각 없이 당직근무만 서고 있을 때, 마침 진중문고 새 책이 들어왔다. 흥미로운 책들이 나를 다시 자극했다.

『인공지능과 딥러닝』. 이전에 생화학이나 IT, 우주물리학과 인체생리학 등 여러 과학 분야를 좋아했던 나였지만 AI 분야는 처음이라서 설레고 두려웠다. 그러나 공학에 몸담고 있는 학생으로서 지식의 통섭은 피할 수 없는 과정이다. 바둑 대가와의 대국을 통해 알파고의 위력을 확인했던 터라 긴장감이 느껴졌다.

최재천 교수의 『통섭의 식탁』만큼은 아니더라도 그 비슷하게는 흉내를 내보고 싶었다. 더욱이 융합의 시대에 살고 있는 젊은이라면 배움의 자세는 잃지 말아야 할 터, 피할 수 없으면 즐기라는 말이 있듯이 군 생활 끝자락에서 도전해 보고 싶었다. 더군다나 인공지능의 역사와 발전 가능성에 대해서도 알 수 있는 기회가 될 터이다.

인공지능은 인간의 상상력이 주는 허영과 현실의 간극이 주는 잔인한 관심 속에서 꾸준히 발전해왔다. 요즘 광고하는 인공지능 '누구'나 구글의 자율주행 자동차 혹은 알파고 등이 AI시장의 선두주자로 볼 수 있다.

작가 말에 따르면 제3차 인공지능 붐을 가져온 기술이 '딥러닝'이라 한다. 기존 인공지능의 한계를 부분 보정했다고 생각하면 이해하기 편할 것이다. 규정된 프레임에 명확한 개념이 주어져 있어 심볼그라운딩 문제도 해결했고 빅데이터를 기반으로 학습하는 인공지능. 적어도 한 분야에서 전문가로 거듭나기까지 벽지의 색깔이나 재질 따위를 관련성에 포함시킬 정도로 막무가내는 아니라는 뜻이다.

기술이 더욱 진화하더라도 모두가 우려하는 싱귤래리티 기술적 특이점가 도래해 인공지능이 인류의 존망을 위협하는 사태는 일어나지 않으리란 것이 작가의 의견이다. 덕분에 인공지능을 둘러싼 각종 루머와 진실을 솎아낼 수 있었다. 그동안 인공지능의 유래와 기본 메커니즘은 알 수 있었지만, 내용이 어려워 지레짐작하는 게 고작이었다.

그만큼 컴퓨터로 인간의 신경회로를 모방하는 데 어려움이 크다는 것이고 인간의 사고회로가 얼마나 위대한 작품인지 깨닫게 되는 경험이었다. 예를 들어, 우리가 지금도 사용하는 '지레짐작'이 컴퓨터로는 흉내 내기도 버거운 신경-전기회로의 산물이다.

그러나 딥러닝이 데이터마이닝을 기준으로 점점 오차범위를 줄여 지레짐작의 결과물을 낼 수 있는 수준까지 올라왔다. 비록 한 분야에 한정돼 있지만, 그 부분에서만큼은 우리의 삶의 질이 달라진다는 것은 틀림이 없다. 우리는 이를 어떻게 받아들여야 할까.

스티븐 호킹의 『위대한 설계』에서 보면 버키볼 실험이 나온다. 간격이 있는 벽을 사이에 두고 공을 차서 결과의 확률을 계산했는데 공이 골대 안으로 들어가는 사건이 가장 높은 확률이었다.

우주는 단일 우주인데 환경은 대기상태에서 가시적인 현상만 측정하도록 프레임을 고정시키고 공과 벽, 골대를 특징으로 잡고 인공지능을 가동하면 공은 벽을 통과해 골대로 들어가는 결과를 보여줄 것이다. '학습'된 인공지능은 전보다 빠른 결과를 산출해 낸다.

이 같은 개념은 실생활에서도 대입이 가능하다. 의약 부문이나 전화상담 등에 도입되면 보다 방대하고 다양한 가능성들이 쌓여 편리한 서비스가 가능해질 수 있다. 한 예로, 알파고와 중국 커제의 바둑대전이 이와 비슷한 실례로 들 수 있다. 작가의 말대로 인공지능에 생명은 없으니 괜히 영화 속 터미네이터에 대한 두려움은 가지지 않아도 된다.

그러니 IoT를 통해서 전 분야에 인공지능이 확대된 작금의 시대에서, 이제는 우리도 AI의 발전을 관망하는 자세를 버리고 적극적으로 시장에 뛰어들어 입지를 쌓아야 한다. 또한 우리의 라이프스타일에 관여하는 기술에 관심을 갖고 알아보는 것. 그것이 AI도 마찬가지고 다른 과학 기술을 수용하는 바람직한 지성인의 자세가 아닐까 생각된다.

과학과 수학은 항상 연관돼 있다고 배웠다. 이번 독서로 인해 중학교 때 집합 다음으로 명제를 배우며 '이딴 걸 어디에 써먹는단 말인가'라던 의문이 풀렸다. 온톨리지 학파를 언급하며 나온 'part-of 관계' 등 명제의 어미에 따른 상하·포함의 관계가 과거 배운 명제 파트의 심화과정이었다. 이해하는데 정말 애먹었다.

한때 명제를 비웃으며 등한시했던 자신이 후회스러웠다. 과연 이게 무슨 도움이 된다고 이리도 애를 쓸까 하는 생각이 들었지만 자존심 때문이라도 고집스럽게 읽었다. 책을 읽은 이후에도, 글을 쓰기 전에도 기본 두 번은 더 읽은 것 같다. 그리고 보니 과학 분야의 책을 읽고 나면 매번 이런 생각이 든다.

'그래서 어쩌란 거지?, 이게 우리의 삶에 어떤 영향을 준단 말인가?' 당장 내가 이 분야에 몸담고 있는 것도 아니고 독서를 한다 해도 무슨 마음의 평화나 어떤 노하우를 알게 되는 것도 아닌데 말이다.

어느 순간 나는 과학을 역사나 종교로 치환해 본다. 마치 구약

성서에서 탄생 이전 신의 계시를 보는 것처럼, 국사책에서 본 500년, 1000년 전 우리 조상들의 모습이 어떻게 변화해갔는지 유추해보며 과학을 더듬는다. 이는 우리의 과거를 구성했던 한 편이며 우리의 존재감을 규명해보려는 노력이다. 인류 역사의 첫걸음이 어떻게 시작됐는지, 그 호기심이 어떤 가능성을 몰고 왔는지 생각하다 보면 과학도서는 더 이상 우리 삶에 쓸모없는 책이 아니었다. 우리의 근원을 사회와는 다른 방향으로 되짚어보는 역사책이었다. 과학은 우리가 학창시절 선택할 수 없었던 것처럼 필수였다.

7장 | 군대 독서 길라잡이

· 무조건 읽고 또 읽어라, 그리고 기록하라
· 소속에 따라 독서환경은 다를 수 있다
· 군대에서 자기계발은 책으로도 충분하다
· 소통의 기술, 독후활동은 다양성을 인정하는 과정이다
· 책 속에서 반전(변곡점)을 찾아라!
· 나를 바꿀 운명의 책은 반드시 만난다

무조건 읽고 또 읽어라,
그리고 기록하라

책이야말로 에고를 가장 잘 단련시켜줄 매체라고 굳게 믿었다. 시간 나는 대로 읽었다. 과업 도중 쉬는 시간에도, 오후의 개인시간에도 하루 종일 책을 붙잡고 살았다. 몸이 피곤해도 책의 다음 스토리가 궁금해져서 쉬는 틈에도 손이 근질거렸다. 22시 소등을 하고 나서 주어지는 1~2시간가량 개인연등 시간은 하루를 마무리하거나 보충하는데 최적의 시간이었다. 당일 여러 사정으로 마저 읽지 못한 책이나 영어공부를 복습하는 데 있어 그때만큼 유용한 시간이 따로 없었다.

군대에서 책을 어떻게 읽는가에 대한 비법은 사실 따로 없다. 그냥 읽고, 무조건 읽는 것이다. 사회에서 휴식시간과 군대에서의 휴식은 그 의미가 다르다. 뭔가를 하지 않으면 시간은 흘러가기 마련이고 21개월의 시간은 그렇게 변명거리도 만들기 전에 끝나버릴 수 있다. 부지런히 내 몸을 움직이고 내 손을 움직이면 책은 손에서 떠나지 않게 된다.

적절한 자기통제는 절도와 질서를 요구하는 군대 환경에서 필요한 자세지만 책을 읽음으로써 감성의 순환을 놓치지 않게 된다. 이는 군대에서 왜 책을 읽어야 하는가에 대한 질문에 근접한 답변이기도 하다. 군대에서 겪는 예상치 못한 상황에 일어나는 감정이 책을 통해 일어나는 감성과 공명하며 곧 접해야 할 사회와의 소통의 연결고리가 만들어지기 때문이다.

내가 21개월 동안 읽은 백여 권의 책들은 고단한 현실을 광대한 우주공간으로 데려다주기도 했고 존재의 의미, 삶의 무한한 과제들, 앞으로 걸어가야 할 보이지 않는 길을 더듬거리며 리드하기도 했다. 이런 이유로 소일거리를 도맡아 해야 하는 이병일 때는 무거운 생활반 분위기 속에 눈치 보며 책을 읽었고, 마땅한 장소가 없을 때는 산만한 휴게실에서 정신집중하면서 읽었다. 그마저도 힘들면 몰래 화장실 변기에 앉아서 J.D.샐린저를 만나기도 하고 법정 스님을 만나기도 했다.

책을 읽고 싶다고 해서 아무거나 막 집어 들지는 않았다. 진중문고가 엄선한 책들도 나만의 잣대로 검열을 거쳐 읽었다. 잣대라고 해봤자 내 인생·지식·사고에 도움이 되는가 그렇지 않은가의 이분법적인 판단이니 좋은 책을 구분하는 안목이 있다는 말은 아니다. 그저 위로받고 싶을 때, 미래를 계획할 때, 현재의 문제를 타개해 나갈 때처럼 다양한 분야를 섭렵하되 현재의 감정을 안정시켜줄 책을 고르는 것이 나만의 방식이었다.

나는 리영희 선생의 『대화』를 고등학생 때 읽었다. 아버지의 권유로 읽었는데 『대화』는 집 서재에 꽂혀 있는 리영희 전집 12권 중 한 권이다. 그때 왜곡된 역사나 근대사에 대한 이야기를 접하면서 받았던 충격을 잊을 수가 없다. 또, 왕중추의 『디테일의 힘』도 성실함의 진리에 대한 메시지를 깊게 받아들였던 기억이 있다. 이후 수능을 치르고 대학을 가면서 부모님과 책에 대한 이야기를 나눌 시간도 없었고 아버지가 책을 추천해주는 일도 드물었는데 군대에서 다시 그 시간을 찾았다.

군 생활에서 가장 위안이 되었던 시간은 부모님과 전화통화였다. 기본적인 안부를 묻고 나면 대부분 그날 읽은 책에 대한 토론이었다. 작은 일 하나에도 심장이 쿵쾅쿵쾅 뛰는 이병에게 그 시간은 한 줄기 구원의 빛과 같았다. 부모님은 나의 설익은 감상이나 작가의 의도에서 벗어난 주제일지라도 언제나 진지하게 경청해 주었다. 짧은 토론이었지만 내 의견과 다른 견해를 들었을 때는 더 많은 감흥과 깨달음을 받았었다.

알랭 드 보통도 군대에서 처음 접해봤는데 『무신론자를 위한 종교』 같은 경우 내가 생각했던 종교관에 대해 고민해보기도 했다. 어머니와 통화에서 그의 종교관과 사랑에 관한 논제를 갑론을박했던 적이 많았다.

마이클 로이젠, 메멧 오즈의 『내몸 사용 설명서』 같은 책은 전공을 위해 도전한 책이다. 식이요법 가이드에 의미를 두고 있었지만 인체 내 화학작용의 자세한 설명과 해설은 대학에서 배운 인체해부학을 떠올리게 했다. 너무 방대한 공부량에 지치고 타고난 천재적 머리가 없다는 자괴감에 1학년 내내 나를 괴롭혔었던 과목. 결국 인체해부학 성적을 D를 받아 낙담했었는데 이 책을 통해 자신감을 가질 수 있었다. 아마도 다시 복학하면 자신 있게 도전할 수 있을 것 같다.

책은 관계 형성에도 많은 도움이 되었다. 상·병장이 되면 위의 선임보다 밑의 후임이 더 많아지게 된다. 그러다 보면 가끔 군 생활을 슬기롭게 보내려는 후임들이 책에 대해서 묻기도 한다. 그럼 나는 반사적으로 말한다. '무조건 읽고 기록해라, 손바닥만 한 수첩이라도 상관없다. 기록하지 않은 책은 훗날 떠올리기가 쉽지 않으니 자신만의 방식으로 그 책에 대한 정리를 하라.' 더불어 내가 일·이병 당시의 시간을 보내는 법과 기억에 남는 책을 이것저것 소개해 준다. 알듯말듯한 표정을 짓는 후임을 바라보는 것도 나름의 즐거움이다.

여기서 강조하고 싶은 것은 메모하는 습관이다. 고전을 읽고 나면 행간 속에 숨어 있는 광대한 메시지를 모두 담아내지 못하고 벅찼던 적이 많았다. 가령, 『대학. 중용』을 읽고 '하늘의 도, 성실함을 기억하자'라고 간단한 메모를 적어두면 오랜 시간이 지나 다시 뒤적일 때 그 강렬한 단어 하나만으로도 금세 책 속으로 들어갈 수 있었다.

군대에서는 큰 수첩이나 메모장을 소지하는 것이 불편하다. 부피가 커서 건빵주머니에 구겨 넣어도 거슬리는 볼록함은 활동량이 많은 군인에게 성가시기 그지없다. 그래서 나는 전화번호를 기입하던 손바닥 안에 쏙 들어가는 크기의 수첩에 깨알같이 작게 한 권 한 권 짧은 소감을 적어 두곤 했다. 다음 책을 시작하기 전에 수첩에 적힌 감상을 다시 읽어보는 버릇이 생긴 것은 이때부터다. 이외수의 『하악하악』을 읽은 후에 '이외수의 세상, 사람, 사물에 대한 감상과 추억과 회한의 기록. 그의 글은 은은하고 감미롭고 결정적으로 맛있다'라고 되어 있다.

이처럼 책을 읽고 곧바로 다음 책으로 건너가지 말고 하루쯤 그 맛을 음미할 필요가 있다. 작가가 던져준 메시지를 파악하는 것은 중요하지 않다. 작가의 의도와 다르게 독자는 얼마든지 새롭게 재단할 수 있어서 어쩌면 본래의 의도에서 다소 벗어났다 해도 크게 비난받을 일은 아니다. 다만, 자신만의 고유의 감상을 머릿속에만 담아둔다면 그것으로 끝나버린다. 밖으로 자꾸 끄집어내는 습관이 필요하다. 전날 읽은 책의 내용을 정리하는 것은 혼자서도 할 수 있는 쉬운 일이다. 욕심내자면 누군가와 함께하는 독후활동은 더더욱 좋은 일이지만 부대의 사정에 따라 다르므로 한 가지로 결론 낼 수 없다.

매력적인 것은 책은 학교 공부든 인문학이나 고전, 과학지식을 위한 책이든 궁극적으로 거미줄처럼 서로 조화를 이루고 촘촘하게 연결돼 있다는 점이다. 좋은 책과 덜 좋은 책의 구분은 그래서 모호하다. 처해진 상황과 마음상태에 따라 자기가 선택한 책을 읽으면 그만이다. 누군가의 지식을 내 것으로 받아들이는 작업은 의외로 단순하다. 때와 장소를 불평하지 않고 손에는 책을, 눈으로는 읽으면 된다. 단순하고 명료하다.

7장은 단순히 나의 경험에서 비롯한 독서의 중요성과 군대에서의 독서방법을 다뤘다. 공신력은 다소 떨어질지라도 그 자체로 의미 있지 않을까 싶다. 사람이 각자의 길을 가듯이 책 또한 베스트셀러가 아니라고, 전문성을 갖추지 못했다고 본래의 의미까지 퇴색되는 것은 아니다. 독서는 책 속의 지식을 통해 나를 발견하고 더 큰 세상에 발을 들이는 과정이다. 군 생활을 독서로 채우기로 마음먹었다면, 부대에 있는 책을 모조리 섭렵한다는 각오로 임하는 것은 어떨까? 최소한 한 달에 1권을 읽는다면 전역할 무렵에는 스물한 권의 책이 내 머릿속에 저장되어 있을 것이다. 무소의 뿔처럼 밀고 나가는 동력이 청춘 아니겠는가.

소속에 따라
독서환경은 다를 수 있다

　훈련병일 때는 당연히 책을 읽을 수 없겠지만, 실무 배치받고 나서 찬찬히 살펴보면 군대에 책이 많다는 사실을 알 수 있을 것이다. 해병대 1사단은 각 중대 휴게실에 책이 빽빽하게 채워져 있는 책꽂이가 있고 대대에는 생활실 1.5개 규모의 공간에 독서실이 차려져 있다. 중대에 구비되어 있는 책들은 마음대로 가져가서 읽어도 상관없다. 대대 독서실은 부대마다 다르겠지만 도서일지에 대출일자를 기록하고 반납기간에 맞춰서 돌려주는 시스템이 일반적이다. 말 그대로 아주 기본적인 환경만 조성되어 있다. 그렇다면 해병대보다 선구적인 문화와 제도가 보급된다는 타군은 어떠할까?

육군은 대한민국 주력군이다. 그만큼 장병들의 근무환경에 각별히 신경 쓰고 보완하지만 의외로 전방과 후방의 온도 차가 크다. 처해있는 환경이 다른 만큼 임무가 다르고 과업이 다를 수밖에 없다. 분명 사단 본부부터 GOP까지 도서관리병이 있는 북카페는 구간마다 설치되어 있고 여러 기관의 후원으로 증설되고 있지만 부대의 상황에 따라 이용률에 차이가 있다.

후방의 임무는 훈련과 방위에 있는 만큼 과업 후에는 개인정비 시간에 얼마든지 북카페를 이용할 수 있지만 전방은 근무가 주 과업인 나머지 북카페를 이용하기에 어려운 점이 많고 독서환경을 활성화하기에도 무리가 있다. 대대 자체적으로 하는 독서활동은 열 권 이상 읽고 독후감을 제출하면 2일의 휴가를 주는 부대도 많다.

더 크게는 연대에서 하는 독서권장 프로그램이다. 대대보다 더 많은 분량인 35권에서 45권 정도를 읽고 독후감을 제출하면 4박 5일의 연대장 포상휴가가 주어진다. 하지만 이는 개개인이 하는 독후감 위주의 평가이지 동아리를 형성하거나 단체로 독서를 위한 토론이나 좋은책 읽기 권장 프로그램 등은 현실적으로 어렵다. 밤낮을 가리지 않는 근무 때문에 항상 피곤하니 독서를 하기 위해서는 부단한 노력과 결심이 필요하다.

해군 역시 육군과 다르지 않다. 후방의 임무를 맡고 있는 장병은 책을 쉽게 접할 수 있지만 고속정 같은 군함들을 타며 열악한 환경에서 과업을 진행하는 장병들은 육체적·정신적 스트레스로

지쳐 책을 접하는 데 어려움이 있다.

고학력자들이 많이 간다는 공군은 생활반 자체도 학습적인 분위기가 강하고 개인정비시간이 자유롭지만, 이 또한 부대 환경에 따라 달라질 수 있어 확신할 수 없는 이야기다.

개인행동의 반경이 넓은 의경도 타군과 비슷한 환경이지만 PMP를 사용할 수 있고 사회를 접할 수 있는 기회가 많다는 점에서 교육환경이 더 쾌적하다고 볼 수 있다. 간혹 분기별로 읽고 싶은 책을 신청하는 경우도 있는데 과업의 중압감에 책을 신청하는 경우는 드물다고 한다. 자유의 한도가 높은 만큼 유혹도 많아 책에 온전히 집중하기 위해 정신력 소모가 상당하다.

군대에서 독서란 청년들의 문제에 대한 해결방안을 모색해보고 불안을 줄여나갈 수 있는 활동이다. 그리고 이 같은 자기계발 활동은 오로지 개인의 의지에 달린 문제이고 군인 본연의 임무에 모든 힘을 쏟아야 한다는 인식이 아직도 군대와 사회에 자리한다. 그러나 전역 후에는 모두 민간인이고 사회구성원이다. 전역 후에 사회로 돌아온 청년들이 또래에 뒤처졌다는 생각에 진로에 대해 고민하고 방황하는 것을 많이 본다. 전역 후 청년들이 올바른 진로관을 갖고 미래를 준비할 수 있도록 군대에서의 계발활동을 단순히 개인의 영역이 아닌 사회적인 문제로 환원해야 할 필요가 있다.

갈수록 군대에서 독서를 권유하는 분위기다. 어디든 부대 휴게실을 가면 한쪽에 책장이 있고 다양한 책들이 빼곡히 꽂혀있는 것을 볼 수 있다. 달라진 세상은 인터넷이나 SNS를 통해서도 책을 읽을 수 있게 되었고, 그로 인해 종이책은 구시대적 산물로 남겨질 위기에 처했다. 그러나 군대는 IT문명을 제한적으로밖에 접할 수 없는 공간이다. 그렇다면 종이책이 가장 가까이 있고 또 독서를 권하는 추세이니 책은 군인들에게 더없이 좋은 벗이 되어줄 것이다.

군대에서 자기계발은
책으로도 충분하다

  군대에는 독서 말고도 자기계발을 할 수 있는 방법이 여러 가지다. 하지만 다른 활동보다 독서만큼 단순하되 지혜와 교육을 쌓고 다듬을 수 있는 활동은 또 없다. 인생의 대부분을 학교와 회사에서 보내는 대한민국 남자에게 군대는 직장과 학교 사이에 유일하게 끼어있는 특별한 기회이다.

  나이가 들어가면서 일에 치이고 가족에 치이다 보면 독서를 해야겠다는 다짐은 어느새 공염불이 되고 만다. 자신이 살아보지 않은 세월의 지혜를 빌릴 수 있는 것은 단연 독서뿐이다. 우리는 입대 전에 한 번쯤 이런 생각을 한다. '군대를 갔다 오면 모든 것이 달라져 있겠지?'

  이 질문에 군필자들은 알겠지만 애석하게도 그리 큰 변화는 없다. 그러나 책은 최소한 우리들이 원하는 변화에 근접한 해답을 던져줄 수는 있다. 소크라테스도 남이 고생해서 얻은 지식을 내 것으로 만들 수 있고 자기성장을 이룰 수 있는 행동이 독서라 하지 않았던가. 공자나 나폴레옹, 링컨, 아인슈타인, 벤자민 프랭클

린같이 역사에 업적을 남긴 장군과 지도자들도 엄청난 양의 독서를 했다. 아직도 많은 지식인들이 독서로 인해 인생이 달라졌다는 말을 한다. 변화를 원하면 그만큼 받아들여야 한다. 그렇다고 막상 책을 집어드니 스멀스멀 올라오는 잡생각과 군대가 주는 핑계가 머릿속에 자리한다.

'하루 종일 과업으로 힘들어 죽겠는데 무슨 책이야? 쉬어야지.'

'내 짬에 독서하면 선임들한테 기합 빠졌다고 혼나지 않을까.'

'재미있는 책도 없고 시간은 왜 이리 더디게 흐르는 걸까.'

몸은 힘들고 마음은 괴로운데 책이 눈에 들어오겠는가. 이때 '에라~모르겠다. 잠이나 자자.' 하면 몸과 마음은 물먹은 솜처럼 눅눅하게 젖어들 뿐 활로를 찾는 촉각은 갈수록 무뎌진다. 피끓는 청춘의 패기는 잠자는 숲 속의 공주가 되어 가고 사소한 일에도 우울하거나 부정적 감정이 든다. 그러다 보면 자존감은 바닥을 칠 것이고 앞으로 계획은 무감각 속으로 사라진다.

책은 이 모든 것들을 품고 느리게, 아주 천천히 나를 바로 세우게 도와준다. 책을 읽다 보면 자신도 모르게 심신이 가라앉으면서 평온해진다. 예전과 다르게 달라진 군대는 허구한 날 책만 읽는다며 꼬투리 잡는 선임은 없다. 군대에도 다양한 콘텐츠의 책이 있어 그중 자신의 취향에 맞는 책을 골라 읽으면 된다. 그럼에도 읽고 싶은 책이 없다면 그것은 자신이 진정 독서를 하고 싶은 것인지 아닌지 고민해봐야 한다. 독서를 시작하기 어렵다면 우리는 먼저 생각을 바꿀 필요가 있다.

세상에 절대적으로 좋거나 나쁜 것은 없다.
다만 우리의 생각이 그렇게 만들 뿐이다.

— 셰익스피어

왜 우리는 꿈꾸는 대로 살지 못할까? 왜 나는 이 모양 이 꼴인가? 어렵고 우울한 질문이지만 해답은 모두가 알고 있다. 그것은 노력과 꾸준함도 중요하지만 먼저 남다르게 '크고 위대한 생각'을 가지는 것이다. 큰 생각은 큰 발전을 부른다. 허무맹랑하지만 이런 생각을 가져보는 것이다.

'여기 있는 책 200권을 모조리 읽어버리겠어!'

'군대 과업을 하면서도 하루에 1권은 무조건 읽는다!'

'오늘의 독서는 나를 위대하게 만들 것이다!'

진정 입대 전과는 다른 모습의 자신, 성숙하고 사고의 폭이 넓은 어른이 되고 싶거나 꿈을 이루고 싶다면 현실보다 더 큰 생각을 하고 대담하게 행동해야 한다. 그 시작은 용감하게 도전하는 생각의 전환, 움직이는 행동에서 비롯된다.

군대에서 독서로 인생을 바꾼 일화는 간혹 들어본다. 요즘 세대는 혼밥, 혼술 등 바야흐로 혼자서도 살아갈 수 있는 시대다. 이웃과 함께하는, 주변인들과 함께 공동으로 할 수 있는 일들이 줄어들어 간혹 단절을 가져오기도 하고 고독사로 이어지기도 하는 외로운 시대다. 책읽기도 마찬가지다. 순전히 혼자 해야 하는 작업이다. 하지만 어떤 일이든 혼자 하면 지속성에서 어려움을 느낀다. 또, 다양성 측면에서도 문제를 가져오는데 책의 편식에서 벗어나기 힘들다.

그렇다고 누군가와 함께하는 독서문화를 만들기도 쉽지 않다. 굳이 독서동아리를 맺는다 해도 시간과 공간의 제약을 받게 된다. 어딘가에 모여서 어떤 책을 읽어야 할지에 대한 충분한 논의를 해야 한다. 하지만 대부분의 청년들은 이 그룹에 합류하는 게 어렵다. 학교나 일터에서 시간적, 경제적 여유가 많지 않다. 그러다 보니 사회로 진출하고 어느 정도 익숙한 직장인이 되거나 나이를 들어가면서 취미 정도로 독서그룹을 찾게 된다.

그렇게 보면 군대는 최적의 독서그룹을 이용할 수 있는 기회다. 비슷한 연령대의 청년들이 비슷한 시기를 함께 보내며, 다행히도 부대마다 책은 다양성을 고려해 비치돼 있으며, 과업과 업무가 끝나면 짬짬이 시간을 만들 수 있다는 장점을 갖고 있다.

독서는 자기계발과도 이어진다. 군대에서 자격증을 따기도 하고, 입시공부를 해 더 좋은 대학으로 진학하기도 하고, 하물며 고시를 준비하기도 한다. 군대는 내가 노력한 만큼, 움직이는 만큼 보상을 준다. 중요한 것은 각자 자기 꿈에 맞는 한 가지를 선택하면 된다. 아직 안개 속 같은 미래 때문에 혼돈의 시간을 보내고 있다면 친해지기 쉬운 책을 권한다. 전역 후 얼굴에 자신감이 넘칠 것이다.

소통의 기술,
독후활동은 다양성을
인정하는 과정이다

같은 책이라도 처한 환경이나 나이, 처지에 따라 그 느낌은 각양각색이다. 가령, 어느 부대 독서클럽에서 『위대한 개츠비』를 읽었다고 치자. 혼자 읽고 났을 때의 개츠비에 대한 느낌과 몇몇이 모여 각자의 소감을 듣고 비교, 분석하는 것과는 어떤 차이가 있을 것이라고 보는가. 독서는 일정 부분 독자적 행위임을 인정하더라도 우리는 아직 수많은 기회나 가능성이 열려있는 청년들임을 감안한다면 타인의 의견을 받아들이는 유연한 태도 또한 필요하다.

때문에 한 권의 책을 두고도 수십 갈래의 평가가 나올 수 있어야 한다. 그러자면 혼자보다는 여럿이 더 효율적이다. 예기치 않는 느낌을 받는 이가 있는 반면 그저 그런 느낌으로 받아들이는 이가 있을 수 있다. 한 권의 책을 놓고도 이렇게 다양한 평을 내놓을 수 있다면 책에 대한 호기심은 자연 배가 될 것이다.

중요한 점은, 반드시 책을 읽고 무엇인가를 느껴야 하고 메시지를 파악해야 하고 작가의 의도를 이해해야 한다는 조건은 독서의 바른 태도라고 단정할 수 없다는 것이다. 여기는 군대라는 공간적 한계를 염두에 둬야 한다. 다양한 책을 손에 잡을 수 없고 내가 읽고 싶을 때 아무 때나 시간을 낼 수 없는 곳이 군대. 그러니 빈 시간을 찾아 책을 읽고 그 느낌을 동기와 나누고 함께 공감하고 소통하는 것은 동지애를 더 키워주고 규율과 규범 속에 갇혀 있는 청년들에게 무한한 문학적 자유와 상상력을 공유할 수 있게 한다.

우리는 초등 6년, 중등 3년, 고등 3년을 거쳐 대학교에 진학하거나 사회로 진출하게 된다. 이 기간 동안 진학과 진로 등으로 책과 접할 기회가 많지 않다. 간혹 책벌레들이 있기는 하지만 대다수는 그저 그런 학교 일정대로 움직이고 대학으로 사회로 나아간다. 이러다 보면 소통과 나눔의 정서가 부족하고 내 의견과 타인의 의견을 접합하고 받아들이고 인정하는 연습이 부족한 것이 사실이다.

이런 부분에서 짧은 2년 동안의 군대생활은 많은 것을 얻을 수 있다. 그중 시간과 장소, 학력과 지성에 구애받지 않고 자유로운 것이 책읽기다. 이후 독후활동은 단순히 읽음으로 끝나지 않고 구체적이고도 다양한 활동을 계획할 수 있다. 반복적인 독서와 의견나눔은 청년들에게 자기 의견을 열심히 피력할 수 있는 설득력을 키워준다. 또, 나와 다른 상대의 의견을 경청하고 받아들이는 자세를 배울 수 있어 타인을 존중하는 올바른 시민으로서의 자세가 갖춰진다.

해병대 1사단은 각 연대마다 우수 독후감을 선정해서 포상휴가를 주는 방식이 있다. 하지만 형식적일 뿐 실상은 빈약하다. 그 외에도 한 부대를 선정해서 외부 업체와 협력을 맺은 후 한 달에 한 번 6개월간 독서토론을 진행하는 행사도 있었지만 참여하는 사람은 극히 소수다. 조금 더 개방적이고 소통이 활발한 제도적 해법이 필요함을 느낀다.

가령, 인접한 대대나 연대끼리 협력을 맺고 단결활동을 하듯이 독서를 기반으로 하는 행사들을 개최하는 것이다. 독서퀴즈, 독서골든벨, 독서토론 등의 프로그램을 주기적으로 진행한다면 자연스레 독서를 지향하는 분위기가 조성될 것이다. 기존에 있던 방식에 행사 빈도를 높이고 장병들에게 독서에 대한 주제를 자주 언급하는 것만으로도 분위기 형성은 물론 선임과 후임의 친밀감 향상에도 많은 도움이 된다.

둘째로, 군 간부들은 일부 교육적인 공모전이나 페스티벌에 대해 적극적으로 장병들에게 공지해줘야 한다. 군대의 특성상 모든 업무는 보안 시스템이 걸려있는데 군포털사이트에는 외부에서 개최하는 행사도 올라와 있다. 이는 간부들만 볼 수 있도록 되어 있어 일반 병사들은 어떤 행사가 진행되는지 모르는 게 다반사다. 그렇다고 장병들이 무작정 인터넷 정보를 뒤지는 것도 한계가 있다. 간부들이 먼저 관심 있게 행사 일정을 살피고 장병들에게 공지해준다면 관심 있는 장병들은 참여할 것으로 생각한다.

셋째로, 장병들의 주말과업이 보장되는 한에서 독서 동아리 활동을 장려해야 한다. 사실 중대 단위로 운영하는 동아리는 흐지부지될 가능성이 높다. 때문에 대대나 연대급 지휘관의 주도로 독서 동아리 활동을 응원하고 작은 보상이 주어진다면 누구나 관심을 가질 것이다. 21개월 혹은 24개월을 복무하고 전역하는 군 장병들에게 사회와의 연결고리는 군대에서 일정 부분 보장해줘야 하는 게 아닐까.

군대에는 독서 지도방법이 따로 없다. 원래 책을 읽던 사람은 그런대로 자기방식이 있지만 그렇지 않은 사람들은 책과 친해지기가 쉽지 않다. 우리는 2년간 군인이지만 이후에는 사회의 일원이면서 한 가정의 가장 역할을 해야 하는 사람들이다. 군대는 전역 이후의 삶과도 떼어놓을 수 없는 유기적 관계에 놓여 있다. 군대에서 2년의 시간을 버린다는 사회적 통념을 깨부수고 새로운 정의를 세워야 한다.

책 속에서
반전(변곡점)을 찾아라!

인간은 엄청난 스트레스에 직면했을 때 시야가 좁아지기 마련이다. 그 결과 눈앞의 감정에 말과 행동을 쏟아내 돌이킬 수 없는 실수를 저지르기도 한다. 군대는 이 같은 상황이 비일비재하게 일어나는 환경이다. 당장의 해결책은 그저 참거나 엉뚱한 곳에 화풀이하곤 한다. 조직문화 속에서 이런 감정의 정화는 스스로 해결해야 하는 숙제다. 이때 근본적인 해결책은 자신의 고민에 진단을 내려줄, 비슷하게라도 위로해줄 책을 찾아보고 읽는 것이다. 고민 자체가 해결되지 않아도 고민 해결법을 깨달았다는 점에서 군대가 주는 스트레스를 완화시켜 줄 것이다. 이는 뇌 과학적 실험으로 증명된 사실이다.

군대를 온다면 누구나 한 번쯤은 들어봤을 '너만 억울한 거 아니다.' 그렇다. 어른들이 괜히 군대가 인내를 배우고 성장시키는 곳이라고 말한 것은 아닐 것이다. 자신의 실수에, 남의 실수에 털리다 보면 어느새 영혼까지 털린 자신의 모습을 보게 될 것이다.

짐짓 상처나기 쉬운 마음에 트라우마를 남기지 않도록 다독이는 것은 비단 선임이나 동기들의 우정만으로 해결될 일이 아니다.

6주간의 교육훈련단 생활에서 겪은 신체적, 정신적 한계. 숨이 턱 끝까지 차오를 때 문득 내 머리를 강타했던 스스로에 대한 자각. 이때 책은 오직 자각에서 멈춰있던 나의 사고를 보다 폭넓고 깊이 있는 성찰의 단계로 한 걸음 뗄 수 있게 도와준 멘토였다. 그동안 허투루 보낸 시간들을 되찾을 수는 없지만, 앞으로 다가올 시간들은 어떻게 활용해야 하는지를 책은 일러 주었다.

부대마다 다르겠지만 두 시간씩 서는 근무는 그저 멍하니 앞만 보는 시간이 아니었다. 휴식 시간에 읽었던 책 내용을 다시 떠올려보기도 하고 같은 책을 다시 읽었을 때의 새로운 충격을 정리하는 시간이기도 했다. 이 책이 끝나면 이어서 어떤 종류의 책을 읽을까 고민하기도 하고 입대 전에는 등한시했던 분야의 책들도 호기심이 생겼다.

그만큼 근무시간이나 과업시간들도 자신을 되돌아보는 성찰의 시간으로 만들 수 있다. 물론 이러한 경험들은 순전히 주관적이기에 누구나 그럴 것이라는 결론은 내릴 수 없다. 어느 군에 입대하고 어느 부대에 배치받는지에 따라 이행하는 군 과업은 천차만별이다. 그러나 어떤 과업이든 개인 시간은 생기기 마련이다. 틈틈이 남는 시간을 어떻게 배열하는지에 따라 군생활의 가치가 달라지지 않을까.

군대에서 온갖 이유로 자살하는 뉴스가 매번 긴장하게 만든다.

수많은 예방책이 있겠지만 그중 하나로 책을 통한 잠깐의 현실도 피로 순간의 충동을 막을 수 있다면 이보다 더한 결과는 없지 않을까. 육체적 수양 못지않게 정신수양도 필요한 군대에서 난감한 상황을 독서로 슬기롭게 이겨내면 훗날 사회에서도 버틸 힘이 될 것이다. 자신의 마음을 단단히 동여맬 힘이 생기는 것 역시 독서에서 얻는 수확이다.

우리는 성장하면서 수많은 경험과 지식을 더해가면서 세상을 바라보는 시야가 달라지고 평생을 관통할 가치관이 형성된다. 독서는 이미 형성된 가치관에 끊임없이 충격을 주어 범위를 확장시키는 행동이다. 배움의 정도와 타고난 기질대로 세상을 한 가지 시야로만 바라보는 청춘들에게 다른 각도의 시야가 있음을 알려주고 조명해주는 것은 중요하다.

우리는 흔히 말한다. '나도 연봉 1억쯤은 받으면서 살고 싶다.' 이런 의욕은 나이를 먹어가고 사회의 높은 벽을 통감하면서 어느새 잊혀진 계절로 밀려난다. 하지만 연봉 1억은 대기업 취업, 고시 패스, 운 좋게도 부자 부모 덕분에 가능한 것만은 아니다. 직업의 틀을 깬 핫한 아이템으로 1억 연봉 대열에 얼마든지 합류할 수 있는 세상이다.

청년 벤처기업 '소셜네트워크' CEO 박수왕은 현재 대학생으로 청년 벤처의 성공 모델로 알려져 있다. 독특함을 넘어 튀는 아이였던 어린 시절, 초중고 학생회장의 이력, 중학생 시절 신발장사, 대학 1학년 때는 김치사업으로 월 매출 1억을 올리기도 했던 박수왕의 키워드는 '포기하지 않는 도전'이었다. 3번의 도전과 실패는 그에게 좌절보다는 채찍이 되어 불굴의 의지로 도전할 수 있는 오기를 심어 주었다.

그는 군대에서의 시간을 비약적으로 업그레이드하여 군 생활의 노하우를 담은 『나는 세상의 모든 것을 군대에서 배웠다 _{출판사 수오서재}』를 몇 사람과 함께 공저로 출판했다. 그의 다양한 이력은 천재적 머리도 아니고 부유한 환경도 아닌 쉴 새 없이 담금질했던 열정과 도전의 끈질긴 자기계발의 결과였다. 그중 군대 2년의 시간은 이런 사회적 성공을 뒷받침해주는 시간과 공간이었음을 고백하고 있다. 세속적으로 그의 경제적 가치를 산정하는 것은 그의 노력과 도전을 훼손하는 무례라고 여겨질 만큼 그는 지금도 도전 중이다.

군대는 가상의 시나리오가 아닌 현실 상황이다. 그 속에서 무엇을 얻고 남길지는 입대 초기 결심을 어떤 방법으로 유지하고 증폭시키느냐에 달려 있다. 현실의 울타리에 갇혀 앞으로 발을 내딛는 것에 두려워한다면 결코 또 다른 세상은 만날 수 없다. 책은 마법의 주술이다. 나는 책을 읽는 동안 두근거리는 가슴을 진정시키며 미래의 내 모습을 주술을 걸듯 구체적으로 그려보곤 했다. 고전이든 소설이든 웹툰이든 결국 책은 자기계발을 위한 방편이면서 더 큰 세상을 만나기 위한 디딤돌이다. 누군가가 먼저 걸어간 발자국이 지표가 되듯이 책을 통한 변화는 내 삶을 바꿔놓을 터닝포인트가 된다.

나를 바꿀 운명의 책은
반드시 만난다

　우리는 책을 잡으면 항상 딜레마에 빠진다. 책을 읽어야 한다는 의무감과 읽지 않고 그저 놀고 싶은 욕망과 게으름 사이에서 선택의 고민에 휩싸인다. 이는 사회만이 아니라 군대에서도 마찬가지다. 언제나 의무감에 대적할 그럴싸할 핑계들로 무장하며 책과 팽팽한 신경전을 벌인다. 하지만 우리들은 불확실성이 판치고 변화무쌍한 21세기에 당당한 사회구성원으로 살아갈 의무를 가지고 있다. 그 의무를 다하려면 변화와 불확실성을 따라잡을 지식과 교양, 정보가 필요하다. 이제는 책과의 냉전을 종식시키고 화합할 때다. 즐기는 독서는 어떤 취미활동보다 짜릿하고 매력적이다. 책과의 냉전을 종식시키는 방법은 각자 사정에 따라 다르겠지만 일반적인 몇 가지를 들어보자.

　먼저, 자신과 책의 연결고리를 찾는 것이다. 처음은 가볍게 자신이 좋아하는 영화나 만화의 원작이나 리메이크작을 글로 읽어보는 것도 방법이다. 반지의 제왕이나 해리포터 시리즈처럼 판타지 소설을 즐겨도 되고, 웹툰이나 만화도 좋은 교재가 될 수 있다. 시작이 절반의 성공이라는 말이 있듯이 흥미 위주로 시작해서 다양한 분야의 책들로 점점 영역을 넓혀가는 것이다. 한쪽으로만 편중된 독서라고 걱정할 필요는 없다. 이런 과정을 거치다 보면 책에 대한 관심은 호기심으로, 호기심은 도전으로 이어진다. 중요한 것은 스스로가 책에 관심을 가질 수 있도록 교집합을 찾아보는 노력이다.

가장 고전적인 방법. 책을 읽으면서 밑줄을 치기도 하고 누군가와 책에 대한 대화를 하는 것이다. 하지만 사회와 달리 군대에서는 토론 파트너를 찾기가 쉽지 않다. 생활반 동기들은 과업으로 일정을 맞추기가 쉽지 않고, 선임이나 장교들은 먼저 의견 타진하기에 높은 벽이다. 안타깝게도 부대 안에서 파트너를 찾지 못했다면 사이버지식정보방을 이용하는 방법도 있다. 자신의 블로그나 페이스북 혹은 네이버지식in에 자신이 읽은 책에 대한 감상과 궁금한 점을 올리면 의외로 진지하게 답을 해주는 사이버파트너들이 많다. 그들과 자신의 생각을 공유하면서 시간과 장소에 구애받지 않고 교류할 수 있다. 그 과정 속에서 자신이 미처 생각지 못한 부분, 의견 대립, 나름의 절충안을 세우면서 스스로 정리해 간다면 효과적인 책읽기가 될 수 있다.

나만의 방식이지만 한 권의 책이 있다 하여 그 책을 무조건 완독해야 하는 법은 없다. 알고 싶은 부분을 먼저 읽어서 목록을 넘나들며 읽어도 자기만족 한다면 그만이다. 책의 존재 이유는 우리들이 알지 못한 지식과 정보를 알려주는 것이다. 절반만 읽어도, 띄엄띄엄 넘어가며 읽어도, 프롤로그와 첫 장만 읽어도, 엄밀히 말해서 독서인 것이다. 과학이나 사회과학 등 접근하기 어려운 책들이 이에 해당하는데 헐렁헐렁 읽는 것 같아도 우리 뇌는 기억해 준다. 자신의 현재 상황에 맞는 내용을 찾아 찬찬히 음미하는 것이 길고 오래가는 독서습관의 비법이다.

지금까지 제시한 몇 가지 방법들은 내가 그랬던 것처럼 자신의 '운명의 책'을 찾아가는 과정이기도 하다. 휴가 때 중학교 은사님이 추천해 주신 나폴레온 힐의 『The Law of Success』는 나의 꿈, 삶의 방식, 장래의 목표를 설정하는 데 큰 영향을 주었다. 책은 몇십 년 혹은 몇백 년 동안 축적된 내공이 집약되어 있는 위대한 유산이다. 간혹 예기치 않게 책에서 삶의 방향, 가능성, 인식하지 못했던 꿈 등을 찾아낼 수 있다. 책은 그야말로 폭풍처럼 회오리처럼 우리 뇌 속을, 열정으로 들끓는 가슴 속을 헤집는 토네이도가 될 수 있다. 오늘부터 내 운명의 리드줄을 내밀어 줄 '운명의 책'을 찾아보자. 현재가 힘들고 고단해도 여전히 우리는 청춘이고 그 청춘의 리드줄을 잡고 있는 책에서 충분히 보상받을 수 있다. 늦었다고 생각할 때가 가장 빠른 것이다.

그러므로 책에 대한 비밀의 문을 열려면

① 책이 읽기 싫다면 스치듯 제목이라도 읽어라.
② 시작은 만화나 웹툰 등 가벼운 책을 집어라.
③ 자신의 관심분야 책에 먼저 손을 뻗어라.
④ 한 장을 읽더라도 하루에 한 번 책을 잡아라.
⑤ 읽고 싶은 책이 있다면 몇 권씩 골라서 관물함에 쌓아둬라. 보는 것만
　으로도 배가 부를 것이다.
⑥ 다 읽고 난 책은 관물함에 한동안 쌓아둬라. 뿌듯함을 위하여.
⑦ 1달 1권 읽기를 목표로 세우고 재미없는 부분은 건너뛰어도 된다.
⑧ 읽은 후 그에 대해 누군가와 대화를 나누면 더 좋다.
⑨ 읽고 난 책은 수첩에 짧은 서평을 기록하라.
⑩ 정독이든 다독이든 자신의 성향대로 스타일을 만들어라.
⑪ 부대 독후감 공모전에 포상을 위해서라도 도전하라.
⑫ 반드시 책을 읽어야 한다는 중압감은 필요 없다. 휴식이 필요하면 내
　리 며칠을 쉬어도 괜찮다. 단, 휴식이 끝나면 어김없이 책을 들어라.

　갓 사회에 입문한 청년들에게 언제나 군대란 미지의 두려움이
뭉쳐진 용담호혈 같은 곳이다. 그러나 독서의 관심이, 생각의 변
환이, 굳은 결심이 2년의 시간과 앞으로의 시간을 금빛으로 만들
어 갈 것이다. 일신우일신 日新又日新. 우리가 꿈꾸는 미래의 열쇠
는 책 속에 숨어 있다.

전역을 하고 돌아온 집은 2년 전에 비해 외양은 달라졌지만 언제나처럼 익숙한 분위기로 나를 반겼다. 주변 풍경 역시 보도블럭이 한반도 모양의 알록달록한 벽돌에서 흑백의 화강암으로 바뀌었다는 것과 못 보던 가게들이 생겨난 것, 주변의 허름한 건물이 사라지고 으리으리하고 번쩍한 오피스텔들이 세워졌다는 것을 빼고는 2년 전과 똑같았다.

우리 아파트 맞은편 어린이집의 시끌벅적했던 땅꼬마들은 짐짓 초딩티를 내며 보는 게 뜸해졌고, 군대를 아직 가지 않았거나 군대와 관련이 없는 내 초등학교 동창들은 어딘가에 적을 두고 인턴이나 아르바이트로 일상을 이어가고 있다.

나와 비슷한 시기에 군에 입대했던 초등학교 동창 태봉이도 어느새 전역하고 부모님 편의점에서 아르바이트를 하고 있다. 고등학교 동창 기태는 여기저기 여행을 다니고 있고 또 한 녀석은 먼 나라로 어학연수를, 대학 동기는 대학에서 공모전을 준비하는 등 나름대로 고군분투하는 소식들이다.

나의 21개월 15일의 부재는 20년을 살아온 동네도 낯설었듯이 열심히 살고 있는 친구들을 보며 어디서부터 시작점을 잡아야 할지 며칠 동안은 당황스러웠다. 군대를 갔다 왔거나 아직 미루고 있는 친구들의 사회와의 익숙한 접점을 보며 지나간 시간을 되돌아보는 것은 당연한 감정의 순환이었다. 손에 물집이 잡힐 정도로 병기를 휘두르고, 근무를 서고, 한순간의 실수로 영창을 갔을 때, 이들은 격정의 내 시간만큼 열정적으로 살아왔다는 증거라고 생각했다.

다시 근원적 질문을 내게 던져본다. 21개월의 긴 시간은 누구를 위한 것이었나? 피할 수 없는 통과의례라면 그 시간 속에서 나는 얼마나 성장한 것인가? 수많은 경험과 난관과 고통과 열정이 청년을 만든다면 규율과 절제로 통제된 환경 속에서 나는 잘 살아낸 것일까?

이 질문들에 나는 단호하게 '예스'라고 말할 수 있다. 군 생활을 타인이 판단한다면 거기서 거기겠지만 같은 규율과 통제 속에서도 천차만별의 시간들을, 수만 가지 감정들은 제각각 다르므로 한마디로 규정하는 것은 언어도단이다. 군인들은 맡은 임무에 따라 생각과 시간이 조금씩 다를 수밖에 없다. 자신에게 주어진 현실에서 틈새 시간들을 어떻게 보내는가는 전적으로 자신의 문제이자 행위이기에 제3자가 평가하는 것은 공평하지 않다는 의미다.

군대에서 인내를 배우고 남자들만의 세계를 헤아려보기도 했지만 이것만이 군대의 다가 아니다. 상명하복식의 질서는 군대의 생명이자 매력이지만 극한 상황에서도 자신의 정체성은 잃지 말아야겠다는 결심은 애초 입대 전부터 다져온 결의였다.

'네 시작은 미약하였으나 네 나중은 심히 창대하리라.' 거창하지만 나의 21개월을 가장 잘 표현해주는 말이 아닐까 싶다. 입대 전까지는 미래에 대해 아무런 경각심 없이 살아왔다. 게임을 하며 집에 틀어박혔고 이루지 못한 것들에 대한 패배감에 몸부림쳤다. 그러나 꿈은 내 삶을 지탱하는 뿌리였다. 그 꿈에 다가가는 여러 갈래 길 중 하나가 가깝게는 대학이었고 내 자신에게 스스로 괜찮은 녀석이라고 자부심을 가지는 것이 두 번째였다.

그중 대학이야 성적에 따라간다고 쳐도 스스로에게 주는 평가는 지극히 주관적일 수밖에 없는 것임을 군대에서 느꼈다면 과장일까. 시간을 쪼개 맹렬하게 책을 읽으며 스스로 대견하다고 생각하거나, 기왕 온 군대라면 어려운 공수훈련에 도전하는 용기를 낸 것도 내 어깨를 툭툭 치며 칭찬할 만하다고 자평했다. 더욱이 책 속에서 잃어버린 길을 찾았다면 그것은 내 삶의 터닝포인트를 찍을 수 있는 결정적 지점이었다. 21개월은 책 속에서 길을 묻는 시간이었다.

3전4기의 도전 끝에 입소한 해병대 교육훈련단. DI는 육체적으로도, 정신적으로도 나를 극한까지 몰아붙였다. 극한의 상황은 종종 스스로에 대한 성찰을 불러오고는 했다. 그래서 군대에서 조금이나마 발전을 해보고자 계획했던 것이 책이었다. 애초 100권을 읽는다든지 뭔가를 마스터한다든지 하는 거창한 목표는 아니었지만 그래도 헛된 시간은 아니기를 바라면서 시작했다.

중학교 때 이후로 학업에 전념하면서 어느새 책은 잊혀진 존재였는데 역설적이게도 육체를 굴려야 하는 군대에서 지성에 눈이 뜨인 것은 참으로 아이러니였다. 책을 읽으면서 예전과는 다른 환경 때문인지 좀 더 다차원의 생각을 갖게 되었고 상하관계에 있어 필요한 인내의 고통도 알게 되었다. 무뚝뚝한 성격상 표현하지 못하고 지내왔던 가족에 대한 소중함도 전보다 더욱 명확하게 다가왔고 더 살가운 아들, 착한 동생이 될 수 있을 것 같다.

전역 후, 이제는 찾아보기 힘든 오프라인 서점에 가서 하루 종일 신간을 뒤적거려 보기도 했다. 고등학생 때 『상실의 시대』를 읽고 무라카미 하루키의 팬이 되었는데 이참에 그의 신간 작품도 찾아봤다.

입대 전에는 문학서적에 관심이 많았었다. 소설은 물론 고전과 테네시 윌리엄스나 유진 오닐의 희극 역시 좋아했다. 군대에서 인문학이나 자연과학, 철학, 음악, 미술, 사회과학 등 여러 방면의 책을 접하면서 관심이 넓혀졌고 이는 자연스레 다독의 이유가 되었다.

전역한 후로 엘빈 토플러의 『부의 미래』나 리처드 도킨스의 『이기적 유전자』, 시오노 나나미의 『로마인 이야기』를 읽어야 할 목록에 놓았다. 로마인 이야기는 읽다 둔 책으로 마무리를 해야 한다. 원래부터 잘 읽지 않았던 시집도 몇 권 구입하고 싶다.

한때 역사에 관심이 많아 이이화 선생 책에 푹 빠져 있을 때가 있었다. 어릴 적 객기로 한국사 능력을 시험하고 싶어 한국사검정 능력시험도 패스하고 으스댔던 적도 있었다. 지금 생각해보면 부끄러운 시절이었지만 여전히 역사는 매력적인 분야다.

이유립의 『환단고기』는 영창에서 끝까지 읽지 못하고 접었던 우리 풍습에 관한 책인데 그 속에 환단고기가 자주 등장했다. 전역하면 제일 먼저 읽어봐야지 했던 책도 바로 환단고기였다. 집에는 계연수의 환단고기가 있다. 대학 복학까지는 아직 몇 달의 기간이 있으니 모두 읽어보는 것도 나쁘지 않을 것이다.

군대는 내게 많은 것을 바꾸어 놓았다. 설레고 기다려왔지만 한편으로는 두렵기도 했던 전역 후 내 모습은 자신감도 높아졌고 마음에 여유도 생겼다. 새로운 것에 대한 관심도 생겨났다. 먹고 사는 일차원적인 문제는 부모님의 배려로 걱정을 덜었지만, 예전에는 생각지 못했던 미래에 대해 희망을 꿈꾸기도 한다. 음악에 대한 호기심, 고교졸업 후 장만한 기타도 배워보고 멋지게 색소폰도 불어보고 싶다.

우람한 몸은 군대에서부터 꾸준히 운동하며 나름 가꿔왔고 헤어스타일도 내가 원하는 대로 해봤다. 옷 테러리스트였던 미적 감각도 마음의 여유가 생기니 자연스레 해결되었다. 친구들이나 후배들의 놀림감 1호였던 '내 멋대로 의상'은 부끄러움이나 개혁의 대상은 아니었던 것이다. 내적으로 단련된 자신감은 겉치레에 신경 쓰지 않아도 충분히 아름답다는 것을 깨달았기 때문이다. 다만, 타인에게 피해를 주지 않는 단정함은 갖춰야 할 예의이자

나만의 스타일을 찾아가는 여정이라고 생각한다.

　누구나 그렇듯 시간이 흐르고 전역하는 정형화된 틀에서 나만의 작은 틈을 찾고자 노력했던 21개월은 떠올려보면 끊임없는 움직임이었다. '고여 있지 말자'라는 화두가 내 머릿속을 떠나지 않았었다. 흐르는 물이 되자, 이끼가 끼지 않도록 머리를 쓰자라는 단순하면서도 확고한 신념이 내 속에서 떠나지 않도록 다잡곤 했다. 자유 시간을 이용한 독서는 다양한 방면의 지식과 인내를 쌓을 수 있는 방편이 되어 주었고, 대학에서 가장 애를 먹었던 영어를 다시 공부하면서 자신감이 붙었다. 운동을 하면서 살찐 몸에 각을 만들었고 탁구의 '탁' 자도 모르던 문외한이 수준급의 실력으로 올라섰다. 일상적인 결과치고는 부실해 보일지 몰라도 입대하면서 세운 계획은 어느 정도 이뤄냈다고 자부한다.

　게임용으로만 사용했던 컴퓨터는 군대에서 IT에 박식한 동기를 만나 컴퓨터의 기본 명칭이나 수리, 조립 등 실용적인 방면을 배울 수 있었다. 궁금한 것은 참지 못하는 내 기질상 끈질기게 따라붙어 묻는 내게 동기는 훌륭한 선생이 되어 주었다. 컴퓨터의 원리에 대해 묻고 답하는 시간이 거듭될수록 내 방 책상에 놓인 컴퓨터의 내부가 훤히 보이는 듯했다. 새로운 기계의 세계는 복잡한 회로를 일순간에 평면으로 머릿속에 들어오게 됐다. 덕분에 지금은 컴퓨터를 제법 해체, 조립할 줄 알고 부품의 좋고 나쁨도 가릴 수 있으며 타인의 도움 없이 이것저것 실험할 수 있게 되었다.

　군대생활은 고여 있으면 그 모습 그대로 다시 사회로 돌아오지만 움직이면 뭔가 이뤄낼 수 있는 찬스를 제공한다. 한 사람의 천재가 세상을 바꾸는 것이 아니라 성실한 여러 사람이 모여 사회를 만들고 유지시켜 나간다는 것은 주지의 사실이다. 의지를 세우고 그 의지를 관철시켜나가는 힘, 규율과 통제에 순응하면서도 틈새를 놓치지 않는 정신이야말로 21개월의 시간을 오롯이 자기 것으로 만들 수 있는 지혜라고 생각한다.

원래 나는 겁이 많고 약간은 소심한 편에 속한다. 그래서 누구보다도 군대를 두려워했던 사람 중 하나였다. 말 그대로 3무 돈. 권력. 연줄 현실에서 피할 수 없어 맞장 뜬 경우다. 내 인내의 한계, 내 의지의 한계를 실험 삼아 2년을 보낸다는 것은 내게도 위험한 도전이었다.

결국 시간은 흘렀고 나는 백여 권의 독서와 운동으로 다져진 몸, 규칙적인 생활에서 오는 맑은 정신, 진심으로 소통되었던 동료와 선임, 후임들, 소소한 것들에서 감사할 줄 아는 마음 등 군대는 어리숙한 내 이성을 완숙하게 만들어준 또 다른 성장판이었다.

앞으로 군대를 가야 하는 후배들, 특히 부모님들의 심정이 누구보다 이해가 된다. 연일 매스컴은 군대 사건들을 디테일하게 쏟아내고 몸을 다치거나 안타까운 사고 소식이 비일비재하다. 사람 심리는 긍정적인 것보다 부정적인 것, 위험한 것일수록 심정적으로 빠르게 동화된다. 정작 입대해야 할 당사자들보다 부모님들이 앞서서 걱정하다 보면 당사자는 더 큰 두려움에 휩싸이게 된다.

내 부모님도 비슷했다. 알게 모르게 걱정하던 모습들을 보면서 나도 동질의 공포를 가졌던 적도 있었으니까. 하지만 스무 살이 넘은 자식들은 이미 성인의 대열에 선 사람들이다. 그렇게 어리지만은 않다는 의미다. 나름대로 확고한 자신감과 미래에 대한 꿈을 품고 사는 이가 더 많다. 부모님들의 걱정과는 별개로 어떤 극한 상황이나 문제에서도 헤쳐나갈 수 있는 용기를 가진 사람들이다. 자의든 타의든 군대를 간다는 것은 그 자체만으로도 충분히 칭찬받을 일이다.

혹자는 요즘 군대는 예전 같지 않다고 말한다. 나는 이 말을 들을 때마다 아찔하다. 군대가 예전과 같다면 얼마나 어마무시한 일인가. 세상은 초속으로 발전해 나가고 로봇이 인간을 대신하는 세상이 도래했는데, 또 삶의 형태가 무섭도록 빠르게 변화해 가는데 예전의 정서와 변함없는 시스템이라면 분명 문제가 된다. 현대적 시스템으로 구조가 바뀌어야 하고 환경이나 규범 등도 현실에 맞게 발전해야 젊은이들이 적응할 수 있다고 본다.

21개월은 결코 짧지 않은 시간이다. 사회적 변화에 맞춰 군인들의 처우나 사회와의 유기적 연계, 단절된 시간이 아닌 전역 후에도 그 맥이 이어진다면 좋겠다. 다행히도 예전과 달리 군대에서도 독서나 자격증 공부 등 자기계발을 하는 장병들을 장려해주는 프로그램이 마련되어 있고, 주말에는 동아리 활동을 지향하는 등 장병들 각자의 계발활동을 보장해주는 제도가 차츰 정착돼가고 있다. 자신의 의지만 확고하다면 군대에서 시간을 버리지 않아도 되는 시스템으로 진화하고 있는 것이다.

타군도 마찬가지로 대대는 물론 중대규모에도 독서를 할 수 있는 환경이 조성되어 있다. 종류도 다양하다. 문학이나 비소설은 물론이고 자격증 공부하는 두꺼운 책들도 힘들이지 않고 찾을 수 있다. 나 역시 상병 때 컴퓨터 활용능력 2급을 땄고 1차 시험은 입대 전에, 실기는 상병 4호봉 외출에 맞춰 부대 근처 도시에서 치렀다. 영어문법책 3권을 두 번씩 읽을 수 있었다. 모든 것들이 순탄치는 않았지만 그 과정에서 겪는 자질구레한 해프닝은 군대니까라는 한계를 인정해버리니 견뎌낼 수 있었다.

군 생활 내내 계획만 세우다 흐지부지 전역하는 선임들을 많이 볼 수 있었다. 머릿속으로는 끊임없이 계획을 세우지만 실제 행동으로 옮기지 않으면 그야말로 공염불이 되고 마는 것이 군대 시간이다. 이병 때 불같은 의욕들도 짬이 차면 TV 앞에 붙박이가 되거나 사이버지식정보방을 이용하면서 시간을 보내면 말 그대로 군생활은 추억으로만 남게 된다. 군대에서 남는 것이 없었다며 남 탓할 거리가 없다.

자유란 이렇게 달콤한 것임을 군대에서는 절실하게 깨닫는다. 틈틈이 주어지는 짧은 자유는 고달픈 이병에게나 어설픈 일병에게나 어정쩡한 상병에게나 늘어진 병장에게도 똑같이 주어진다. 여기서 자유란 화장실 갈 시간, 잠시 대기하는 시간 등 짧은 순간을 말하는 것이 아니다. 특수한 분야를 제외하고는 대부분 주말은 그야말로 하루 종일 자유시간이라 봐도 무방하다. 평일에는 식사 후, 저녁시간, 소등 후 연등시간 등을 계산하면 대략 3~4시간 정도를 쓸 수 있다.

그 시간에 TV나 책을 보기도 하고 자격증을 공부하고 체력단
련을 하기도 한다. 학업에 힘쓴다면 그에 따른 다양한 방법이 제
시되어 있고 놀고 싶다면 그것은 그것대로 즐기면 된다. 군대에
묶여있다는 생각에 자못 답답하게 느껴질 수 있으나 명령과 통제
를 중시하는 곳에 비해 나름의 유동적인 환경을 갖추고 있다. 통
제 속의 자유는 그래서 달콤하다.

대한민국에서 남자로 살아가는 이상 군대는 피할 수 없는 과정
이다. 21개월간 국가를 위해 봉사하면서 무엇을 얼마나 얻을 수
있는가는 상투적인 말 같지만 전적으로 개인의 의지에 달렸다.
시간도 젊음도 놓쳤다는 푸념으로 군생활을 마무리할 것인지, 사
소한 목표라도 잡고 그것을 이루어갈 것인지에 대해 선택해야 한
다. 중요한 것은 21개월이라는 시간은 영원히 흐르는 것이 아닌
유한한 시간임을 기억하면 어느 쪽을 선택할지 답은 나와 있다.

나는 한때 의사를 꿈꿨다. 19년 동안 뜻을 굽히지 않던 내가
다른 전공을 선택했고, 놓쳐버린 꿈 때문에 멘탈이 흩어진 상태
로 1학년을 보낸 후 군대를 결심했을 때, 내 안의 답은 나와 있었
다. 이대로는 안 된다는 절박함이 그 첫 번째 이유였다. 어느 부
분에서 군대는 도피처이자 내 정체성을 찾아줄 새로운 길이었다.
그곳에서 나는 다양한 사람들을 접하고 다양한 책들을 섭렵해가
면서 세상에는 더 많은 길과 각각의 삶이 있다는 것을 깨닫게 되
었다.

꿈은 살아있는 생물체다. 환경과 여건에 따라 얼마든지 변할 수 있기에 과거의 나와 현재의 나, 앞으로 나아갈 나는 끊임없이 변하는 꿈의 연장선에 놓여 있다. 주제 넘는 말 같지만 삶의 최종 종착지는 없다고 생각한다. 언덕 위의 무지개가 그곳에 존재하지 않듯이 여전히 보이지 않고 잡히지 않는 무지개를 그려나가는 것이라는 생각을 한다. 그 속에서 인간의 삶은 지속되는 것이고 피 끓는 젊은이들에게 군대는 수많은 단편들 중 하나일 것이다. 그러니 사랑하는 청춘들이여, 군대를 너무 두려워하지 마라. 멈추면 비로소 보이는 것처럼 당당히 마주 보면 비로소 찾을 수 있는 곳 또한 군대다.

부록 | 각 계열 전문가들이 추천한 책

고전, 철학, 역사

- 환단고기 – 계연수(한뿌리)
- 채근담 – 홍자성(홍익출판사)
- 논어 – 공자(홍익출판사)
- 역사 – 헤로도토스(숲)
- 사기열전 – 사마천(민음사)
- 대학·중용 – 주희(홍익출판사)
- 고백록 – A.아우구스티누스(성바오로딸수도회)
- 방법서설 – 데카르트(문예출판사)
- 우파니샤드 – 정창영(무지개다리너머)
- 자유론 – 존 스튜어트 밀(책세상)
- 삼국유사 – 일연(을유문화사)
- 장자 – 장자(현암사)
- 서유기 – 오승은(솔 출판사)
- 홉스봄 4부작 – 에릭 홉스봄(한길사)

- 부의 미래 – 엘빈 토플러(청림출판)

- 국가란 무엇인가 – 유시민(돌베개)

- 왜 나는 너를 사랑하는가 – 알랭 드 보통(청미래)

- 하늘호수로 떠난 여행– 류시화(열림원)

- 신도 버린 사람들– 나렌드라 자다브(김영사)

- 여덟단어 – 박웅현(북하우스)

- 미술관 옆 인문학 – 박홍순(서해문집)

- 담론 – 신영복(돌베개)

- 자유로부터의 도피 –에릭 프롬(휴머니스트)

- 겐샤이 – 케빈홀(연금술사)

- 오래된 미래 – 헬레나 노르베리 호지(중앙북스)

- 정의란 무엇인가 – 마이클 샌델(와이즈베리)

- 노자 혹은 장자 – 강신주(오월의 봄)

- 아무도 미워하지 않는 자의 죽음 – 잉에 숄(푸른나무)

- 백범일지 – 김구(돌베개)

- 언어의 온도 – 이기주(말글터)

- 객관성의 칼날 – 찰스 갈리스피(새물결)

- 결코 피할 수 없는 야스쿠니 문제 – 다카하시 데쓰요(역사비평사)

- 인간조건 – 앙드레 말로(홍신문화사)

- 나미야 잡화점의 기적 - 히가시노 게이노(현대문학)

- 로마인 이야기 - 시오노 나나미(한길사)

- 남한산성 - 김훈(학고재)

- 죄와 벌 - 도스토예프스키(민음사)

- 노르웨이 숲 - 무라카미 하루키(민음사)

- 고도를 기다리며 - 사무엘 뷔케트(민음사)

- 연애소설을 읽는 노인 - 루이스 세풀베다(열린책들)

- 리큐에게 물어라 - 타나카 미츠토시(문학동네)

- 상실의 시대 - 로버트 루트번스타인 외 지음(마이크임팩트북스)

- 토지 - 박경리(마로니에북스)

- 오만과 편견 - 제인 오스틴(민음사)

- 이방인 - 알베르 까뮈(책세상)

- 아무도 미워하지 않는 자의 죽음 - 잉에 숄(푸른나무)

- 북간도 - 안수길(글누림)

- 노인과 바다 - 어니스트 헤밍웨이(문학동네)

- 오직 두 사람 - 김영하(문학동네)

- 광장/구운몽 - 최인훈(문학과 지성사)

- 셰익스피어 선집 - 윌리엄 셰익스피어(시공사)

- 아Q정전 - 루쉰(창비)

- 정글만리 - 조정래(해냄)

- 호밀밭의 파수꾼 – J.D.샐린저(민음사)
- 농담 – 밀란 쿤데라(민음사)
- 돈키호테 – 미구엘 드 세르반테스(열린책들)
- 변신 – 프란츠 카프카(민음사)
- 위대한 개츠비 – F.스콧 피츠제럴드(민음사)

과학

- 종의 기원 – 찰스 로버트 다윈(동서문화사)
- 인간과 동물의 감정표현에 대하여 – 찰스 로버트 다윈(서해문집)
- 이기적 유전자 – 리처드 도킨스(을유문화사)
- 사피엔스 – 유발 하라리(김영사)
- 뇌로부터의 자유 – 마이클 가자니가(추수밭)
- 숙주인간 – 캐슬린 매콜리프(이와우)
- 총균쇠 – 재레드 다이아몬드(문학사상사)
- 이중나선 – 제임스 왓트슨(궁리)
- 객관성의 칼날 – 찰스 갈리스피(새물결)
- 붉은 여왕 – 매트 리들리(김영사)
- 아내를 모자로 착각한 남자 – 올리버 색스(알마)
- 카오스 – 제임스 글릭(동아시아)
- 내 안의 유인원 – 프란스 드 발(김영사)